CHOLESTÉROL

Dans la même collection SAVOIR QUOI MANGER

Alexandra Leduc, *Diabète,* 2013

Alexandra Leduc, *Hypoglycémie,* 2013

Nathalie Verret, *Maladies cardiovasculaires,* 2013

Marise Charron et Elisabeth Cerqueira, *Arthrite et inflammation,* 2013

Alexandra Leduc, *Syndrome du côlon irritable,* 2014

Alexandra Leduc, *Ménopause,* 2014

Elisabeth Cerqueira et Marise Charron, *Sans gluten,* 2014

LES PUBLICATIONS MODUS VIVENDI INC.
55, rue Jean-Talon Ouest, 2e étage
Montréal (Québec) H2R 2W8
CANADA

www.groupemodus.com

Éditeur : Marc Alain
Éditrice déléguée : Isabelle Jodoin
Adjointe à l'édition et réviseure : Nolwenn Gouezel
Designers graphiques : Émilie Houle, Gabrielle Lecomte et Marianne Lapointe
Photographe des recettes et de l'auteure : André Noël
Styliste culinaire : Gabrielle Dalessandro
Photographies supplémentaires : Dreamstime.com

IBSN 978-2-89523-799-0

Dépôt légal — Bibliothèque et Archives nationales du Québec, 2014
Dépôt légal — Bibliothèque et Archives Canada, 2014

Nous reconnaissons l'aide financière du gouvernement du Canada par l'entremise du Fonds du livre du Canada pour nos activités d'édition.

Gouvernement du Québec — Programme de crédit d'impôt pour l'édition de livres — Gestion SODEC

Imprimé en Chine

SAVOIR QUOI MANGER

CHOLESTÉROL

21 JOURS DE MENUS

Alexandra Leduc, nutritionniste-diététiste, Dt.P.

MODUS VIVENDI

TABLE des matières

INTRODUCTION

L'excès de cholestérol n'est pas une maladie à part entière, mais plutôt un trouble métabolique qui peut être contrôlé, dans une certaine mesure, par de saines habitudes alimentaires et une bonne hygiène de vie. La cholestérolémie est le dosage du cholestérol dans le sang permettant d'évaluer le « taux de cholestérol ». On parle d'hypercholestérolémie lorsque ce dernier est anormalement élevé.

L'hypercholestérolémie est un trouble dit silencieux, c'est-à-dire que, la plupart du temps, aucun symptôme n'y est rattaché. Mais il n'en est pas moins dangereux pour autant, car c'est un facteur de risque important pour les troubles cardiaques et les accidents vasculaires cérébraux.

L'objectif de cet ouvrage est de vous inciter à faire de bons choix alimentaires qui vous permettront d'améliorer votre bilan lipidique et d'éviter ainsi les complications liées à un excès de cholestérol dans le sang. Il vous invite non seulement à adopter un régime « anti-cholestérol » sans difficulté, mais aussi à améliorer votre santé globale.

L'HYPERCHOLESTÉROLÉMIE

Le cholestérol est un lipide appartenant à la famille des stérols. Son nom est composé du préfixe « cholé », issu du grec *chole,* qui signifie « bile » et du suffixe « stérol », issu du grec *stereos,* qui signifie « solide ». Le cholestérol fut ainsi nommé en référence à la forme solide sous laquelle il fut découvert pour la première fois, en 1758, par le chimiste François Poulletier de La Salle dans les calculs biliaires. Ce n'est toutefois qu'en 1814 que son homologue Eugène Chevreul lui donna le nom de cholestérine.

Aujourd'hui, force est de constater que le cholestérol souffre d'une très mauvaise réputation; pourtant il n'est pas toujours nocif pour la santé. Il est d'ailleurs indispensable au bon fonctionnement de notre organisme, et on ne pourrait vivre sans lui !

Mais qu'est-ce que le cholestérol ? Est-il juste de dire qu'il existe un « bon » et un « mauvais » cholestérol ? Commençons par un petit cours de biologie avant d'aborder l'hypercholestérolémie (causes et facteurs de risque, symptômes, conséquences et recommandations).

PETIT COURS DE BIOLOGIE

Le cholestérol est un type de gras présent naturellement dans le corps. Il participe à la fabrication de la membrane des cellules, joue un rôle important dans la production de sels biliaires (essentiels à la digestion) et assure la synthèse de certaines hormones. Qui plus est, il est indispensable à la synthèse de la vitamine D, qui permet la fixation du calcium sur les os.

Le cholestérol est principalement synthétisé par le foie. Cette production représente environ deux tiers du cholestérol présent dans notre organisme. L'autre tiers provient de notre alimentation. Tous les aliments contenant des graisses animales (viandes, charcuteries, abats, beurre, laitages, œufs) contiennent du cholestérol en quantités variables.

Le cholestérol est un produit lipidique (soluble dans les graisses et non dans l'eau). Par conséquent, il ne se dissout pas dans le sang. Pour parvenir jusqu'aux cellules, il circule dans les vaisseaux sanguins grâce à deux types de transporteurs : les LDL (lipoprotéines à faible densité) communément appelées « mauvais cholestérol » et les HDL (lipoprotéines à haute densité) appelées « bon cholestérol ». À proprement parler, il n'existe pas de bon ou de mauvais cholestérol, mais deux catégories distinctes de transporteurs qui ont des fonctions différentes. Les LDL servent à transporter le cholestérol du foie vers les organes via la circulation sanguine. Les HDL servent quant à elles à transporter le surplus de cholestérol accumulé au niveau des cellules et des vaisseaux vers le foie, qui à son tour le transformera et l'éliminera comme un déchet. Les HDL participent donc à l'élimination du surplus de matières grasses par l'organisme.

Ainsi, l'expression « faire du cholestérol » signifie que le bilan lipidique est anormal. Celui-ci indique la plupart du temps que le taux de LDL est trop élevé. Produites en trop grande quantité, les LDL entraînent une circulation excessive de cholestérol dans les artères et celui-ci s'accumule petit à petit sur la paroi des vaisseaux sanguins et des artères, formant ainsi des plaques; on parle alors d'athérosclérose (voir les conséquences de l'hypercholestérolémie, p. 14). Il se peut également que les transporteurs HDL ne soient pas assez élevés, ce qui peut également entraîner des risques pour la santé.

À titre informatif, voici quelques objectifs qu'il faut viser selon votre cas.

	Sans facteur de risque	**Avec présence de facteurs de risque** (tabac, alcool, hypertension, surpoids, hérédité, infarctus, etc.)
LDL	Taux inférieur à 5,0 mmol/l	Taux inférieur à 2,0 mmol/l
HDL	• Taux supérieur à 1,0 mmol/l chez les hommes • Taux supérieur à 1,3 mmol/l chez les femmes	• Taux supérieur à 1,0 mmol/l chez les hommes • Taux supérieur à 1,3 mmol/l chez les femmes
Cholestérol total	Taux inférieur à 5,2 mmol/l	Taux inférieur à 5,2 mmol/l
Rapport cholestérol total/HDL	Risque faible de maladie cardiovasculaire lorsque inférieur à 6	Risque faible de maladie cardiovasculaire lorsque inférieur à 4

LES CAUSES ET LES FACTEURS DE RISQUE DE L'HYPERCHOLESTÉROLÉMIE

Contrairement à une idée reçue, l'excès de cholestérol n'est pas uniquement dû à une alimentation trop riche en gras, mais également à une prédisposition génétique, à des maladies, à certains médicaments et aux habitudes de vie.

Les causes de l'hypercholestérolémie sont donc multiples. On distingue :

- l'hypercholestérolémie primaire, généralement d'origine génétique, avec une production anormalement élevée de cholestérol;
- l'hypercholestérolémie secondaire, qui peut être liée à une alimentation riche en acides gras saturés, un excès de poids, la sédentarité, une consommation excessive d'alcool, certaines maladies comme l'hypothyroïdie et le diabète, ou encore associée à la prise de certains médicaments tels que les corticoïdes (prescrits contre l'acné ou à la suite d'une transplantation, par exemple) et certains diurétiques.

Les facteurs de risque non modifiables sont :

- l'âge (le taux de cholestérol augmente surtout après 50 ans chez les hommes et après 60 ans chez les femmes);
- le sexe (les hommes sont plus susceptibles d'être touchés que les femmes);
- les antécédents familiaux.

Les facteurs de risque modifiables sont :

- le tabagisme (le tabac étant un facteur d'athérosclérose, il augmente les risques de complications s'il est associé à une hypercholestérolémie);
- le régime alimentaire;
- la surcharge pondérale;
- la consommation d'alcool;
- la sédentarité (la pratique régulière d'une activité physique augmente le taux de bon cholestérol et diminue le taux de mauvais cholestérol).

LES SYMPTÔMES DE L'HYPERCHOLESTÉROLÉMIE

Dans la plupart des cas, l'hypercholestérolémie ne s'accompagne d'aucun symptôme incommodant jusqu'à l'apparition éventuelle de complications graves. Il s'agit en effet d'une maladie silencieuse la plupart du temps, c'est-à-dire que les personnes ayant un taux de LDL élevé ne le ressentent pas physiquement. C'est pourquoi la seule façon de vraiment connaître son taux de cholestérol est de faire une analyse du sang. Quelques signaux, comme la fatigabilité à l'effort, peuvent toutefois éveiller les soupçons.

Il est recommandé, à partir de 50 ans pour les hommes et dès la ménopause pour les femmes, de consulter régulièrement votre médecin pour établir votre bilan lipidique. Toutefois, n'attendez pas que le risque d'hypercholestérolémie soit accru pour prendre votre santé en main. Quel que soit votre âge, de saines habitudes de vie sont garantes de votre santé.

LES CONSÉQUENCES DE L'HYPERCHOLESTÉROLÉMIE

L'excès de cholestérol peut se déposer sur les parois des artères, par exemple sur les artères du cœur ou sur les vaisseaux sanguins du cerveau. À terme, cela entraîne la formation de plaques qui grossissent au fil des ans si l'hypercholestérolémie n'est pas traitée. Les plaques ainsi formées par les dépôts peuvent ralentir le flux sanguin ou même obstruer les artères. Ce processus de durcissement des artères est appelé athérosclérose.

Les complications liées à un taux de cholestérol élevé sont donc les troubles de circulation sanguine, les douleurs aux jambes, les maladies cardiovasculaires, les crises cardiaques et les accidents vasculaires cérébraux. Ces complications sont irréversibles et portent gravement atteinte à votre santé et à votre condition physique. Elles ne sont donc pas à prendre à la légère.

LES RECOMMANDATIONS GÉNÉRALES

L'hypercholestérolémie peut être en partie évitée grâce à de saines habitudes de vie. De nombreuses études démontrent que l'abandon du tabac, l'activité physique régulière, une meilleure gestion du poids et une alimentation équilibrée permettent de diminuer les risques de cholestérol sanguin élevé.

L'ABANDON DU TABAC

Il est fortement recommandé d'arrêter de fumer. Le tabac est un facteur de risque cardiovasculaire important, d'autant plus qu'il réduit le taux de bon cholestérol dans le sang.

L'ACTIVITÉ PHYSIQUE

L'activité physique régulière permet de conserver une bonne santé osseuse et musculaire en vieillissant, en plus d'aider à stabiliser le poids. Elle aide non seulement à contrôler la faim, mais aussi à mieux identifier le sentiment de satiété, et elle agit sur la santé générale tout en vous aidant à mieux contrôler votre poids.

Pour diminuer le risque de cholestérol sanguin élevé, il est recommandé de pratiquer une activité physique cardiovasculaire pendant 30 à 45 minutes trois fois par semaine. Une marche rapide, du vélo, des cours d'aérobic sont tous des exemples d'activités qui peuvent être intéressantes. L'activité cardiovasculaire permet non seulement de garder le cœur en bonne santé et de diminuer la tension artérielle, mais aussi d'aider à gérer le cholestérol sanguin.

Il est également recommandé de faire une activité physique légère au moins 30 minutes par jour. Jardiner, marcher, pratiquer le yoga, faire la lessive et le ménage sont tous des exemples d'activités légères facilement accessibles.

Renoncez à votre voiture pour les petits trajets, déplacez-vous à pied, prenez systématiquement l'escalier même lorsqu'il y a un ascenseur, et inscrivez-vous à un cours de zumba (cours rythmé sur musique latine), par exemple. Bougez régulièrement et trouvez des activités que vous aimez pour rester motivé.

LA PERTE DE POIDS

Le surplus de poids, surtout au niveau de l'abdomen, est reconnu pour augmenter le risque de troubles cardiovasculaires et d'hypercholestérolémie. Mais la perte de poids à tout prix, en suivant par exemple des régimes draconiens, nuira plus à votre santé qu'elle ne l'améliorera. L'important est de prendre de bonnes habitudes et de ne surtout pas entrer dans le cercle infernal des régimes. Une alimentation équilibrée et de l'activité physique régulière vous permettront toutefois de vous maintenir en bonne santé même si votre poids est un peu plus élevé que la normale. Un objectif de perte de poids de 5 à 10 % est reconnu pour avoir un impact très important sur la santé. Inutile donc de viser des pertes de poids excessives lorsque seulement quelques kilos peuvent faire une grande différence.

Pour mieux gérer votre poids, voir la recommandation Trouvez votre équilibre alimentaire, p. 20.

DE BONNES HABITUDES ALIMENTAIRES

Bien manger, ce n'est pas seulement bien choisir les ingrédients, mais aussi bien les cuisiner et savoir quand les manger. Dans le chapitre suivant, vous trouverez des recommandations à suivre pour contrôler plus facilement votre taux de cholestérol.

RECOMMANDATIONS ALIMENTAIRES au quotidien

L'excès de cholestérol peut être corrigé ou amélioré en modifiant son alimentation et un bon régime alimentaire peut bien souvent éviter un traitement médicamenteux.

Contrairement à la croyance populaire, ce n'est pas uniquement au cholestérol alimentaire qu'il faut faire attention, mais plutôt aux gras saturés et trans qui sont reconnus pour influer négativement sur le cholestérol sanguin. Aucun aliment n'est strictement interdit; il s'agit avant tout d'éliminer vos mauvaises habitudes et d'adopter durablement une alimentation saine et équilibrée.

Pour bénéficier d'un régime alimentaire « anti-cholestérol », suivez les recommandations proposées dans ce chapitre. Elles visent en premier lieu à contrôler votre cholestérol, mais elles peuvent également être suivies à titre préventif.

LISTE DES RECOMMANDATIONS :

1. Trouvez votre équilibre alimentaire
2. Diminuez votre apport global en matières grasses
3. Adoptez les bons gras
4. Diminuez les mauvais gras
5. Augmentez votre consommation de fibres
6. Adoptez les protéines végétales
7. Mangez moins de sucres raffinés
8. Modérez votre apport en sodium
9. Diminuez votre consommation d'alcool

1 TROUVEZ VOTRE ÉQUILIBRE ALIMENTAIRE

En suivant les conseils suivants, vous profiterez d'une alimentation saine et équilibrée qui vous permettra de mieux gérer votre poids. Ce sont de bonnes habitudes alimentaires qui devraient être suivies par tous.

- Consommez trois petits repas par jour à heures fixes. Au besoin, ajoutez trois collations (dans la matinée, l'après-midi et la soirée). Il est préférable de ne pas surcharger l'organisme. Les trois repas et les trois collations (fruits, crudités, noix et graines, yogourt, boisson de soya, etc.) aident à bien répartir l'énergie dans la journée, ce qui évite les fringales et les rages. À l'inverse, ne sautez pas de repas. Cela vous évitera d'avoir des rages alimentaires et vous permettra de mieux contrôler votre énergie et votre poids.
- Maintenez une alimentation équilibrée au cours de chaque repas.

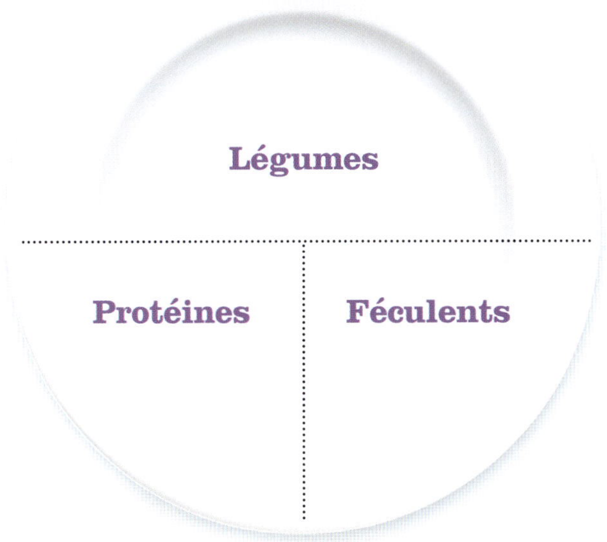

Prenez le temps de préparer une assiette équilibrée le midi et le soir. Choisissez une source de protéines pauvre en matières grasses qui comblera le quart de votre assiette. C'est suffisant pour apporter les protéines et les nutriments dont vous avez besoin.

Remplissez l'autre quart de votre assiette avec des féculents de grains entiers.

Garnissez la moitié restante de votre assiette de légumes sous différentes formes (crudités, salades, légumes cuits à la vapeur, soupes, etc.).

Fiez-vous à votre faim pour la portion à mettre dans votre assiette. Essayez de manger de tout, mais ne vous forcez pas pour terminer si vous n'avez plus faim. Si vous avez un petit appétit, vous devez particulièrement veiller à consommer des aliments variés tous les jours, et ce, dans les trois groupes (protéines, féculents et légumes) à chaque repas.

Complétez les repas avec un dessert nutritif, à moins que vous ne décidiez de prendre une collation nutritive plus tard dans la journée ou la soirée.

- Réduisez vos portions. La grosseur des portions « normales » a presque doublé depuis les dix dernières années. Sachez par exemple que les portions au restaurant apportent jusqu'à 75 % des calories nécessaires pour une journée. Pour diminuer facilement vos apports, servez-vous des portions plus petites dans des assiettes plus petites, mangez lentement et resservez-vous au besoin.
- Écoutez votre corps et respectez votre faim et votre satiété. Ne mangez pas lorsque vous n'avez pas faim et arrêtez de manger lorsque vous êtes rassasié même s'il reste de la nourriture dans votre assiette.
- Attention aux aliments allégés qui donnent un faux sentiment de sécurité et qui souvent, au final, entraînent une surconsommation de calories. Ces aliments contiennent souvent des édulcorants artificiels et d'autres additifs alimentaires qui ne sont pas de bons choix pour votre santé.
- Évitez de grignoter en regardant la télévision.

2 DIMINUEZ VOTRE APPORT GLOBAL EN MATIÈRES GRASSES

Il est recommandé d'essayer de diminuer globalement la consommation de gras dans l'alimentation pour aider à contrôler le cholestérol sanguin. Plusieurs aliments, comme les viandes ou les produits laitiers, contiennent déjà de bonnes quantités de gras. Il faut donc faire attention aux autres sources de gras superflu comme le beurre sur le pain grillé ou l'huile pour la cuisson et l'assaisonnement.

Lorsque vous achetez des produits, il est important de vérifier l'étiquette nutritionnelle et de choisir des aliments pauvres non seulement en gras totaux, mais surtout en gras saturés et trans.

Voici ce qu'il faut regarder sur l'étiquette nutritionnelle lors du choix d'un aliment à l'épicerie.

Valeur nutritive
par 125 ml (87 g)

Teneur	% valeur quotidienne
Calorie 80	
Lipides 0,5 g	1 %
saturés 0 g + trans 0 g	
Cholestérol 0 mg	
Sodium 0 mg	0 %
Glucides 18 g	6 %
Fibres 2 g	8 %
Sucres 2 g	
Protéines 3 g	

Vitamines A	2 %	Vitamine C	10 %
Calcium	0 %	Fer	2 %

LIPIDES (EN G) : Indique la quantité totale de gras contenue dans la portion mentionnée. Cela comprend donc les bons et les moins bons gras. Recherchez les aliments contenant moins de 10 % de la valeur quotidienne par portion.

SATURÉS (EN G) : Indique la quantité de gras saturé (mauvais gras) contenue dans la portion mentionnée. Recherchez les aliments contenant moins de 5 % de la valeur quotidienne en gras saturés et trans par portion.

TRANS (EN G) : Indique la quantité de gras trans (mauvais gras) contenue dans la portion mentionnée. Les gras trans sont formellement à éviter. Donc, recherchez les aliments ne contenant pas du tout de gras trans.

CHOLESTÉROL (EN MG) : Indique la quantité de cholestérol contenue dans la portion mentionnée. Recherchez des aliments ne contenant pas de cholestérol ou moins de 50 mg par portion.

Conseils pour diminuer les gras dans votre alimentation

- Limitez le nombre de repas pris au restaurant et, le cas échéant, choisissez des viandes grillées sans sauce sans oublier de demander la sauce à part pour les viandes et les salades.
- Diminuez votre consommation d'aliments transformés.
- Évitez les soupes à base de crème, les mets gratinés ou servis avec une sauce blanche, les sauces Alfredo, les fritures et les panures.
- Évitez les muffins, croissants et certains craquelins, et remplacez les biscuits et les gâteaux consommés en dessert ou en collation par des fruits ou des produits laitiers pauvres en matières grasses.
- Choisissez les fromages ayant moins de 20 % M.G., le lait et les yogourts à 2 % M.G. ou moins, et préférez le yogourt glacé ou le lait glacé à la crème glacée. Tous ces produits laitiers sont toutefois à consommer avec modération.
- Remplacez les frites par des pommes de terre au four, du riz ou des légumes.
- Ne mettez pas trop de beurre ou de margarine sur votre pain.
- Mettez du lait à la place de la crème dans vos préparations.
- Diminuez de moitié la quantité de gras demandée dans les desserts. Remplacez le gras par la même quantité de compote de fruits sans sucre ajouté.
- Remplacez le beurre par de l'huile ou de la margarine riche en graisses insaturées (150 ml d'huile remplacent environ 200 g de beurre).
- Dégraissez les viandes au couteau avant de les cuisiner.
- Pour la cuisson, utilisez une poêle antiadhésive, remplacez le beurre par de l'huile (en petite quantité) et dégraissez vos fonds de plat avant de les consommer. Vous pouvez dégraisser les bouillons de viande en les plaçant au réfrigérateur. La graisse se fige en surface et peut facilement être retirée.
- Remplacez les miettes de bacon par des noix, des noisettes ou des graines pour agrémenter vos salades.
- En cas de fringale, évitez les croustilles et préférez le maïs soufflé maison, les fruits à coque (noix, pistaches, arachides), les amandes, les fruits frais ou les muffins maison.

3 ADOPTEZ LES BONS GRAS

LES GRAS MONOINSATURÉS ET POLYINSATURÉS

Les gras insaturés favorisent la baisse du « mauvais » cholestérol (LDL) et ont tendance à maintenir ou à faire augmenter légèrement le « bon » cholestérol (HDL).

Quelques sources de bons gras :

- **Les huiles :** huile de canola, huile d'olive extra vierge, huile de noisette
- **Les noix et graines :** amandes, noisettes, avelines, pacanes, pistaches, arachides, noix de cajou, noix de macadamia, noix du Brésil

Ce n'est pas parce que les gras insaturés sont de bons gras qu'il faut en consommer sans modération. Les huiles, les noix et les graines sont riches en énergie. Consommez-les avec modération !

LES OMÉGA-3

Les oméga-3 sont également de bons gras à mettre au menu. Ils sont réputés pour favoriser la santé cardiovasculaire et cérébrale ainsi que pour jouer favorablement sur le bilan lipidique. Ils diminuent le taux de cholestérol, le risque de maladies cardiovasculaires et réduisent également l'inflammation des artères.

Quelques aliments riches en oméga-3 :

- **Les poissons gras :** saumon, thon, hareng, maquereau, sardines, crevettes, huîtres
- Les graines de chia, de lin moulues, de citrouille et de chanvre
- Les noix de Grenoble
- Les huiles de canola et de lin

Pour les personnes ayant des troubles du cholestérol ou cardiovasculaires, il est recommandé de consommer de 2000 à 4000 mg d'oméga-3 par jour. Même en mangeant du poisson gras deux ou trois fois par semaine, cet apport n'est peut-être pas suffisant pour combler tous vos besoins. Les suppléments d'oméga-3 peuvent donc être intéressants. Demandez à votre médecin, votre pharmacien ou votre nutritionniste de vous conseiller à ce sujet.

LES PHYTOSTÉROLS

Les phytostérols, aussi appelés stérols végétaux, sont des gras d'origine végétale. Leur structure est semblable à celle du cholestérol. Il est maintenant reconnu que la consommation de phytostérols dans l'alimentation diminue l'absorption du cholestérol dans l'intestin et favorise son élimination dans les selles. Pour les personnes ayant des troubles du cholestérol, il est donc conseillé de consommer jusqu'à 2 g de phytostérol par jour pour aider à mieux contrôler le bilan lipidique.

Tous les végétaux contiennent des phytostérols en quantités variées. Voici les meilleures sources.

Aliment	Portion	Quantité de phytostérol
Graines de sésame déshydratées	30 g (¼ tasse)	264 mg
Huile de maïs	15 ml (1 c. à soupe)	136 mg
Arachides	30 g (¼ tasse)	81 mg
Avocat	½ fruit	78 mg
Graines de tournesol	30 g (¼ tasse)	59 mg
Noix de cajou rôties à sec	30 g (¼ tasse)	52 mg
Haricots rouges cuits	150 g (¾ tasse)	51 mg
Amandes non blanchies rôties à l'huile	30 g (¼ tasse)	47 mg
Huile d'olive	15 ml (1 c. à soupe)	31 mg
Lentilles	150 g (¾ tasse)	31 mg
Asperges	6 tiges	23 mg
Noix de Grenoble déshydratées	30 g (¼ tasse)	22 mg
Laitue frisée	60 g (1 tasse)	22 mg

On trouve également sur le marché des produits enrichis en phytostérols comme des yogourts, du jus d'orange, du fromage, des boissons de soya, par exemple. Attention, les margarines et autres produits étiquetés « enrichis en phytostérols » (de même que ceux dits enrichis en oméga-3) ne sont pas tous bons. Ce n'est pas parce qu'ils renferment une substance dite anti-cholestérol qu'ils ne contiennent pas de graisses saturées ! Demandez à votre nutritionniste quels sont les meilleurs choix.

4 DIMINUEZ LES MAUVAIS GRAS

LES GRAS TRANS : À ÉVITER

Ils ont un effet doublement nocif sur la santé cardiovasculaire. En plus d'augmenter le taux de LDL, appelé « mauvais » cholestérol, les gras trans diminuent le taux de HDL, appelé « bon » cholestérol. On trouve principalement ces gras dans les produits préparés du commerce, notamment dans certains produits de boulangerie (biscuits, pâtisseries, muffins, barres tendres, craquelins, pâtes à tarte et à crêpes), mais aussi dans les sauces préparées, les pâtés (tourtes), les aliments frits de restauration rapide et les margarines partiellement hydrogénées.

Conseils pour éviter les gras trans

- Regardez toujours les étiquettes nutritionnelles avant d'acheter un produit. Si ce n'est pas inscrit 0 g à côté de gras trans, optez pour un autre produit.
- Utilisez de l'huile d'olive ou de la margarine pour cuisiner ou pour remplacer le saindoux et le shortening.
- Confectionnez vous-même vos gâteaux, muffins et autres pâtisseries, et faites-en de grosses quantités afin de pouvoir en congeler. C'est une bonne option pour gagner du temps, préférable à l'utilisation de préparations toutes faites achetées dans le commerce pouvant contenir des gras « trans » et des gras saturés.
- Évitez les frites de restauration rapide; optez plutôt pour une salade verte, une pomme de terre au four ou du riz.

LES GRAS SATURÉS : À DIMINUER

Les gras saturés figurent parmi les gras qui ont le plus d'impact sur le cholestérol sanguin. Ils se trouvent principalement dans les produits d'origine animale. Il est donc recommandé de diminuer sa consommation de viande et de beurre, mais aussi de shortening et de produits transformés commercialement en les remplaçant par des sources de bons gras. Il est également recommandé de consommer moins de deux à trois portions de viande rouge par semaine.

Sources de gras saturés	Solutions de remplacement à préférer le plus souvent possible
Viandes, volailles et charcuteries à plus de 10 % M.G.	Viandes à moins de 10 % M.G. (gras visible enlevé), partie blanche des volailles (sans la peau), tofu, légumineuses (haricots secs, lentilles, pois), poissons, fruits de mer
Fromages à plus de 20 % M.G.	Fromages à moins de 20 % M.G. (avec modération), fromages de riz et fromages de soya
Beurre de coco, huile de coco, huile de palme, huile de palmiste	Huile d'olive extra vierge, huile de canola, huile de noisette, huile de lin
Lait entier, crème sure, crème	Lait à 1 % M.G. ou moins, crème sure à moins de 1 % M.G., crème de soya à café, boisson de soya, boisson de riz, boisson d'amande
Yogourts à plus de 1 % M.G.	Yogourts à moins de 1 % M.G., poudings de soya
Beurre, saindoux, margarines dures, huiles végétales hydrogénées	Margarines non hydrogénées ou huile d'olive extra vierge, huile de canola, huile de noisette
Pâtes à tarte, pâtes feuilletées, croissants	Pâtes à tarte à base d'huile d'olive, pains pitas de blé entier

ATTENTION AU CHOLESTÉROL ALIMENTAIRE

Il est maintenant reconnu que le cholestérol contenu dans les aliments n'est pas le principal facteur d'un cholestérol LDL élevé. Il faut toutefois garder en tête qu'il est nécessaire d'éviter la surconsommation d'aliments contenant d'importantes quantités de cholestérol alimentaire. En réduisant les sources de gras saturés, vous réduirez par le même fait les sources de cholestérol alimentaire, car celui-ci se retrouve dans les aliments d'origine animale contenant également les principales sources de gras saturés.

Certains aliments sont riches en cholestérol, et même s'ils sont pauvres en gras saturés, il faut les consommer avec modération :

- Œufs sous forme de repas (omelettes, salades, sandwichs) : 4 œufs entiers ou moins par semaine.

Vous pouvez consommer jusqu'à 7 œufs par semaine uniquement si vous ne souffrez pas de cholestérol sanguin élevé. Les œufs contenus dans les gâteaux ou muffins se retrouvant en petites quantités dans chaque portion, il n'est donc pas nécessaire de les prendre en compte.

- Crevettes : 2 portions ou moins par semaine
- Foie de bœuf
- Cœur de bœuf
- Abats de toutes sortes

5 AUGMENTEZ VOTRE CONSOMMATION DE FIBRES

Il existe deux types de fibres : les fibres solubles (dites douces) et les fibres insolubles (dites dures).

LES FIBRES SOLUBLES : POUR MIEUX CONTRÔLER LE CHOLESTÉROL SANGUIN

Les fibres solubles sont à privilégier, car elles se lient au cholestérol dans l'intestin, ce qui diminue son absorption au niveau sanguin. Ces fibres, lorsqu'elles sont digérées par les micro-organismes de la flore intestinale, produisent des acides gras libres à chaînes courtes qui limitent la production de cholestérol par le foie. Il est donc important de consommer beaucoup de fibres tous les jours et principalement des fibres solubles.

Il est recommandé de boire beaucoup d'eau dans le cadre d'une alimentation riche en fibres : au moins 1 à 1,5 l (4 à 6 verres) d'eau par jour.

Les meilleures sources de fibres solubles :

- **Produits céréaliers :** avoine et autres produits à base d'avoine (céréales d'avoine type Cheerios original, farine d'avoine, gruau, pain de son d'avoine, son d'avoine), orge et autres produits à base d'orge (céréales d'orge, crème d'orge, farine d'orge), pain de seigle, quinoa, riz basmati, sarrasin, psyllium (All-Bran Buds, poudre de psyllium)
- **Fruits :** ananas, bananes, bleuets, canneberges, citrons, clémentines, fruits de la passion, kiwis, kumquats, limes, mandarines, mûres, nectarines, oranges, pamplemousses, rhubarbe, tangerines
- **Légumes :** cœurs d'artichauts en conserve, asperges, carottes cuites, courgettes, patates douces
- **Légumineuses :** haricots cuits (noirs, rouges, blancs), pois chiches, légumineuses mélangées
- **Graines :** graines de chia, graines de lin moulues, graines de soya
- **Autre source :** boisson de soya

Conseils pour consommer plus de fibres solubles

- Augmentez graduellement votre consommation de fibres solubles en choisissant du pain à base d'avoine pour remplacer le pain au blé.
- Choisissez au petit-déjeuner du gruau ou des céréales à base d'avoine.
- Ajoutez du son d'avoine dans vos yogourts, mais aussi dans vos préparations de muffins, crêpes et gâteaux en remplacement d'une partie de la farine de blé, ou dans vos recettes en remplacement d'une partie de la chapelure.
- Augmentez vos portions de fruits en les intégrant à vos collations.

LES FIBRES POUR REMPLACER LES PRODUITS RAFFINÉS

Dans le cadre d'une alimentation saine, il est important de consommer des aliments riches en fibres et de limiter la consommation d'aliments raffinés (comme les pâtes blanches). Évitez notamment les produits céréaliers raffinés (blancs) qui ne contiennent pas de fibres et qui favorisent également la prise de poids et la mauvaise gestion de votre cholestérol. Il s'agit notamment des aliments suivants :

- Le pain blanc en tranches, les pains blancs à hamburgers et à hot-dogs, les pâtes alimentaires blanches, le riz blanc, la pâte à pizza, les beignets, les muffins du commerce, les gaufres et les croissants.
- Les céréales pour le petit-déjeuner sans fibres et sucrées.

Conseils pour augmenter les fibres dans votre alimentation

- Cuisinez avec de bons ingrédients de base comme les légumes, les fruits et les produits céréaliers à grains entiers plutôt que les produits blancs.
- Consommez au moins quatre portions de légumes par jour.
- Variez vos sources de produits céréaliers avec de l'avoine (gruau le matin), du quinoa, de l'orge, du couscous de blé entier, du boulgour, du sarrasin et du millet.
- Choisissez des pâtes de blé entier ou, si vous n'aimez pas les pâtes brunes, faites moitié pâtes blanches, moitié pâtes brunes dans votre assiette.
- Choisissez du riz blanc à grain long ou du riz brun renfermant au moins 2 g de fibres par portion de 100 g (½ tasse).
- Consommez une poignée de noix ou d'amande par jour.
- Ajoutez des graines de lin moulues, des graines de chia, du son de blé, du son d'avoine, des céréales All-Bran ou All-Bran Buds à vos yogourts, préparations pour crêpes, gâteaux, muffins maison et céréales pour le petit-déjeuner.

6 ADOPTEZ LES PROTÉINES VÉGÉTALES

Les protéines animales sont reconnues pour contenir beaucoup de gras saturés (mauvais gras), lesquels augmentent le taux de LDL. La viande rouge est également reconnue pour augmenter le risque de certains cancers. C'est pourquoi les protéines végétales sont intéressantes. Riches en fibres, en bons gras et souvent plus faibles en calories, ce sont des aliments rassasiants qui aident à limiter le grignotage entre les repas. Par ailleurs, il est particulièrement recommandé de varier les sources de protéines végétales dans votre alimentation.

Diminuez la quantité de protéines de source animale consommée par semaine (deux à trois portions au maximum). Choisissez de préférence les viandes de coupes maigres. D'une manière générale, préférez les poissons et les protéines végétales.

Les principales sources de protéines végétales :

- **Légumineuses :** haricots rouges, noirs ou blancs, lentilles, haricots de Lima, lupins, pois chiches
- **Noix et graines :** amandes, noisettes, noix du Brésil, graines de soya, de tournesol, de lin et de chia
- **Produits dérivés du soya :** tofu soyeux, tofu ordinaire, edamame

7 MANGEZ MOINS DE SUCRES RAFFINÉS

La consommation de sucres raffinés augmente le risque de troubles du cholestérol sanguin et engendre une fluctuation de la glycémie.

Les sucres raffinés sont des calories « vides », c'est-à-dire que vous consommez des calories sans vous sentir rassasié pour autant. Par conséquent, vous mangez plus, et la gestion de votre poids devient encore plus difficile.

Les aliments riches en sucres raffinés à éviter :

- Les pâtisseries, les gâteaux, les biscuits, les tartes, les crèmes glacées et les popsicles.
- Le sucre blanc, le miel, le sirop d'érable et le sirop d'agave.
- Les boissons gazeuses, les jus et les cocktails aux fruits.
- Les bonbons et les friandises au chocolat.

Conseils pour consommer moins de sucres raffinés

- Évitez les desserts du commerce.
- Apprenez à lire les étiquettes nutritionnelles et à regarder la liste des ingrédients. Recherchez des produits où le sucre n'est pas l'un des trois premiers ingrédients figurant dans la liste.
- Préférez l'eau du robinet ou l'eau minérale aux jus et aux boissons gazeuses, même si elles sont étiquetées « diète » ou « sans sucre ajouté ».
- Cuisinez le plus souvent possible vos repas et collations, et réduisez de moitié le sucre demandé dans les recettes. Vous pourriez également choisir de la compote de pommes sans sucre ajouté pour remplacer le sucre dans certaines recettes.
- N'ajoutez pas de sucre blanc (ou essayez de le diminuer) dans les céréales, le café et le thé.

8 MODÉREZ VOTRE APPORT EN SODIUM

Pour prévenir et même diminuer l'hypertension artérielle, qui est reconnue comme étant un facteur de risque important dans les maladies cardiovasculaires, il est recommandé de modérer votre apport en sodium, qui, de surcroît, favorise la rétention d'eau.

Diminuez votre consommation d'aliments préparés du commerce, de bouillons, de croustilles et de jus de légumes. Vérifiez la teneur en sodium des aliments et privilégiez ceux qui contiennent moins de 15 % de la valeur quotidienne (% VQ) de sodium par portion.

Valeur nutritive
pour 4 portions

Teneur	% valeur quotidienne
Calorie 240	
Lipides 2 g	3 %
saturés 0,3 g	
+ trans 0 g	
Cholestérol 0 mg	
Sodium 90 mg	4 %
Glucides 51 g	5 %
Fibres 3 g	21 %
Sucres 1 g	
Protéines 2 g	
Vitamines A 0 %	Vitamine C 0 %
Calcium 2 %	Fer 7 %

Évitez de consommer trop de sel ajouté (à la cuisson et à table) et d'assaisonnements à teneur élevée en sodium. Préférez les herbes pour rehausser le goût de vos plats.

9 DIMINUEZ VOTRE CONSOMMATION D'ALCOOL

Lorsqu'elles sont consommées en excès, les boissons alcoolisées augmentent le taux de triglycérides. Par contre, une consommation modérée d'alcool n'aura pas d'effet négatif sur le bilan lipidique. Il est donc recommandé de ne pas dépasser 1 consommation par jour pour les femmes et 2 consommations par jour pour les hommes.

1 consommation équivaut à :

- 1 verre de 150 ml (5 oz) de vin à environ 12 % d'alcool
- 1 bouteille de 341 ml (12 oz) de bière à 5 % d'alcool
- 1 verre de 45 ml (1 ½ oz) de spiritueux à 40 % d'alcool

Différents types d'alcools, consommés de façon modérée, offrent une protection contre les maladies cardiovasculaires, mais le vin offre des avantages supplémentaires grâce aux composés végétaux qui se trouvent dans le raisin et qui aident à faire diminuer le taux de cholestérol. Voilà pourquoi on entend souvent dire que le vin est bénéfique pour la santé cardiovasculaire.

LES ALIMENTS À PRIVILÉGIER

Produits céréaliers

Riches en fibres solubles : avoine, orge, pain de seigle, quinoa, riz basmati, sarrasin, psyllium.

Autres : pains et pâtes de blé entier, riz brun à grain long, couscous de blé entier, farine de blé entier, quinoa, orge, millet.

Fruits et légumes

Fruits : ananas, bananes, bleuets, canneberges, citrons, clémentines, fruits de la passion, kiwis, kumquats, limes, mandarines, mûres, nectarines, oranges, pamplemousses, rhubarbe, tangerines. Choisissez plusieurs fruits et consommez au moins deux portions par jour.

Légumes : cœurs d'artichauts en conserve, asperges, carottes cuites, courgettes, patates douces. Choisissez plusieurs légumes et remplissez-en la moitié de votre assiette à chaque repas principal.

Légumineuses et graines

Haricots cuits (noirs, rouges, blancs), pois chiches, lentilles, pois cassés, graines de chia, graines de lin moulues, graines de soya.

Poissons gras

Truite, saumon, thon, hareng, sardine. À consommer au minimum deux fois par semaine.

Protéines animales maigres et végétales

Poulet, bœuf maigre, porc, œufs, noix (de soya, de Grenoble, de tournesol), amandes, tofu, boisson de soya.

Huiles végétales

Huile d'olive, huile de canola, huile de lin.

Plats cuisinés à la vapeur, en papillote ou grillés

Desserts maison préparés avec moins de sucre

Produits laitiers maigres

Lait 2 % M.G., fromage 20 % M.G. et moins, yogourt 2 % M.G. et moins.

LES ALIMENTS À ÉVITER

Sucres raffinés
Sucre blanc, bonbons, confiture, miel, sirop d'érable, pâtisseries, biscuits, céréales à petit-déjeuner sucrées, gâteaux, beignets, crèmes glacées, sorbets, fruits confits, chocolat, boissons gazeuses, jus ou cocktails de fruits, pâtes à pizza, pain blanc, pâtes blanches.

Graisses animales
Beurre, saindoux, crème fraîche épaisse, charcuterie, viandes grasses, fromages, crème 35 % M.G.

Aliments très salés
Biscuits d'apéritif, charcuterie, soupes en conserve, jus de légumes, marinades.

Aliments riches en gras
Fritures, croustilles, aliments panés, pâtés (tourtes), sauces à base de crème, pâtisseries, tartes.

Alcool
À consommer avec modération.

LES MENUS
21 JOURS

Les menus de cet ouvrage ont été élaborés afin que vous ayez tous les nutriments et l'énergie nécessaires chaque jour. Les repas et collations sont interchangeables d'une journée à l'autre.

Vous remarquerez également que les repas du midi sont souvent les restes du soir précédent. Vous devez donc ajuster les portions en doublant au besoin vos recettes pour avoir des restes pour le lendemain.

Planifiez votre semaine avec les menus et préparez votre liste d'épicerie pour acheter les ingrédients qu'il vous manque pour préparer les recettes.

Si vous avez des doutes ou de la difficulté à équilibrer votre alimentation même en suivant les menus, il est fortement conseillé de rencontrer un nutritionniste qui saura adapter les menus et les portions selon vos besoins personnels.

JOUR 1

MATIN

65 g (¾ tasse) de céréales d'avoine
125 ml (½ tasse) de lait ou de boisson de soya nature
1 banane

Collation
10 amandes
1 poire

MIDI

Salade au saumon et aux épinards (p. 96)
servie avec des chips de tortillas (p. 98)

Collation
100 g (1 petit pot) de yogourt aux fruits

SOIR

Boulettes « légumibœuf » (p. 100)
servies avec du riz et des légumes mélangés
(courgettes, tomates, olives, chou-fleur et poivrons)

Collation
1 barre de céréales à l'avoine
et aux dattes (p. 80)

JOUR 2

MATIN

1 smoothie à la banane et au beurre d'arachide (p. 70)

Collation
1 barre de céréales à l'avoine
et aux dattes (p. 80)

MIDI

Boulettes « légumibœuf » (p. 100)
servies avec du riz et des légumes mélangés
(courgettes, tomates, olives, chou-fleur et poivrons)

Collation
1 orange

SOIR

Tofu aigre-doux (p. 102)
servi avec du quinoa, des poivrons et du brocoli

Collation
45 g (½ tasse) de céréales d'avoine

125 ml (½ tasse) de lait ou
de boisson de soya nature

JOUR 3

MATIN

Gruau revigorant (p. 72)

Collation
80 g (½ tasse) de raisins
35 g (¼ tasse) de graines de tournesol

MIDI

Tofu aigre-doux (p. 102)
servi avec du quinoa, des poivrons et du brocoli

Collation
100 g (1 petit pot) de yogourt aux fruits

SOIR

Poulet en croûte d'amandes (p. 104)
servi avec du taboulé (p. 106)

Collation
1 barre de céréales à l'avoine
et aux dattes (p. 80)

JOUR 4

MATIN

1 ou 2 tranches de pain d'avoine
15 g (1 c. à soupe) de beurre de noix nature
1 poire

Collation
Yogourt glacé à l'ananas (p. 82)

MIDI

Salade de poulet (p. 108)

Collation
125 g (½ tasse) de compote
de pommes sans sucre ajouté

SOIR

Riz au thon (p. 111)
servi avec des petits pois et du brocoli

Collation
45 g (½ tasse) de céréales d'avoine

125 ml (½ tasse) de lait ou de boisson
de soya nature

JOUR 5

MATIN

180 g (¾ tasse) de fromage cottage à 1 % M.G.
80 g (½ tasse) de fraises fraîches ou autre fruit au goût
5 ml (1 c. à thé) de sirop d'érable
1 tranche de pain au kamut ou au son d'avoine

Collation
Pois chiches grillés à l'orientale (p. 85)

MIDI

Riz au thon (p. 111)
servi avec des petits pois et du brocoli

Collation
10 amandes
80 g (½ tasse) de raisins

SOIR

Ragoût aux haricots et aux saucisses (p. 114)

Collation
100 g (1 petit pot) de yogourt aux fruits

JOUR 6

MATIN

1 ou 2 portions de pain aux fruits et aux amandes (p. 74)
250 ml (1 tasse) de lait ou de boisson de soya nature
1 banane

Collation
1 orange

MIDI

1 ciabatta au poulet (p. 116)
servi avec une assiette de crudités au choix
(carottes, céleri, poivron, brocoli, etc.)

Collation
60 g (¼ tasse) de houmous
75 à 150 g (½ à 1 tasse) de crudités

SOIR

Fettucinis aux tomates et à l'ail (p. 112)
servis avec une salade verte

Collation
Yogourt glacé à l'ananas (p. 82)

JOUR 7

MATIN

130 g (½ tasse) de yogourt nature

65 g (½ tasse) de granola choco-coco (p. 76)

80 g (½ tasse) de petits fruits (framboises, fraises ou mûres, au goût)

Collation
10 amandes

MIDI

Crêpes roulées aux asperges (p. 119)

Collation
1 poire

SOIR

Sole épicée avec salade tiède aux trois poivrons (p. 120) servie avec du riz brun

Collation
1 portion de pain aux fruits et aux amandes (p. 74)

JOUR 8

MATIN

½ bagel de grains entiers
25 g (1 oz) de fromage faible en matières grasses
15 g (1 c. à soupe) de confiture réduite en sucre
1 banane

Collation
1 pomme

MIDI

Sole épicée avec salade tiède aux trois poivrons (p. 120)
servie avec du riz brun

Collation
1 barre de céréales à l'avoine
et aux dattes (p. 80)

SOIR

Salade croustillante aux nouilles soba (p. 122)
servie avec des œufs

Collation
100 g (1 petit pot) de yogourt aux fruits

JOUR 9

MATIN

65 g (¾ tasse) de céréales à l'avoine
125 ml (½ tasse) de lait ou de boisson de soya nature
1 orange

Collation
Croustade aux poires (p. 86)

MIDI

Salade repas express (p. 124)

Collation
25 g (1 oz) de fromage faible en matières grasses

80 g (½ tasse) de raisins

SOIR

Crevettes aux tomates et à la lime (p. 126) servies avec des nouilles de riz

Collation
Yogourt glacé à l'ananas (p. 82)

JOUR 10

MATIN

1 smoothie à la banane et au beurre d'arachide (p. 70)

Collation
10 amandes
1 pomme

MIDI

Crevettes aux tomates et à la lime (p. 126)
servies avec des nouilles de riz

Collation
100 g (1 petit pot) de yogourt aux fruits

SOIR

1 sous-marin au bœuf (p. 128)
servi avec une salade de légumes (p. 131)

Collation
Croustade aux poires (p. 86)

JOUR 11

MATIN

1 ou 2 tranches de pain de seigle ou d'avoine
15 g (1 c. à soupe) de beurre de noix

Collation
125 g (½ tasse) de compote de fraises et de mangues (p. 89)

MIDI

1 sous-marin au bœuf (p. 128)
servi avec une salade de légumes (p. 131)

Collation
100 g (1 petit pot) de yogourt aux fruits

SOIR

Casserole de poulet et de riz (p. 132)

Collation
Croustade aux poires (p. 86)

JOUR 12

MATIN

130 g (½ tasse) de yogourt nature
65 g (½ tasse) de granola choco-coco (p. 76)
65 g (½ tasse) de framboises

Collation
1 barre de céréales à l'avoine aux dattes (p. 80)

MIDI

Casserole de poulet et de riz (p. 132)

Collation
35 g (¼ tasse) de graines de tournesol
1 pomme

SOIR

Saumon au citron (p. 135)
servi avec des frites de patates douces et du brocoli

Collation
125 g (½ tasse) de compote de fraises et de mangues (p. 89)

JOUR 13

MATIN

1 ou 2 crêpes aux pêches et aux bleuets (p. 78)
1 orange

Collation
1 banane

MIDI

Saumon au citron (p. 135)
servi avec des frites de patates douces et du brocoli

Collation
25 g (1 oz) de fromage faible en matières grasses

80 g (½ tasse) de raisins

SOIR

Tofu brouillé au brocoli (p. 136)
servi avec des chips de tortillas (p. 98)

Collation
1 barre de céréales à l'avoine et aux dattes (p. 80)

JOUR 14

MATIN

65 g (¾ tasse) de céréales d'avoine
250 ml (1 tasse) de lait ou de boisson de soya nature
1 banane

Collation
1 muffin au son et aux raisins (p. 90)

MIDI

Omelette aux champignons (p. 138)
servie avec 2 tranches de pain de grains entiers grillées

Collation
125 g (½ tasse) de compote de fraises
et de mangues (p. 89)

SOIR

1 burger végétarien (p. 140)
servi avec une salade verte

Collation
100 g (1 petit pot) de yogourt aux fruits

JOUR 15

MATIN

180 g (¾ tasse) de fromage cottage
125 g (½ tasse) de fruits frais
(banane, fraises ou framboises, au goût)
1 tranche de pain au kamut ou au son d'avoine

Collation
1 biscotti santé (p. 93)

MIDI

1 burger végétarien (p. 140)
servi avec une salade verte

Collation
1 orange

SOIR

Soupe au bœuf et aux nouilles (p. 142)

Collation
100 g (1 petit pot) de yogourt aux fruits

JOUR 16

MATIN

1 ou 2 portions de pain aux fruits et aux amandes (p. 74)
250 ml (1 tasse) de lait ou de boisson de soya nature
1 banane

Collation
100 g (1 petit pot) de yogourt aux fruits

MIDI

Soupe au bœuf et aux nouilles (p. 142)

Collation
10 amandes
1 pomme

SOIR

Quiche méditerranéenne (p. 144)
servie avec une salade verte

Collation
1 biscotti santé (p. 93)

JOUR 17

MATIN

1 ou 2 tranches de pain de seigle ou d'avoine
15 g (1 c. à soupe) de beurre de noix nature
1 banane

Collation
1 orange

MIDI

1 croque au thon (p. 147)
servi avec des crudités

Collation
125 g (½ tasse) de compote
de pommes sans sucré ajouté

SOIR

Croquettes de haricots rouges (p. 148)
servies avec du taboulé (p. 106)

Collation
1 biscuit aux carottes (p. 94)

250 ml (1 tasse) de lait ou de boisson
de soya nature

JOUR 18

MATIN

65 g (¾ tasse) de céréales d'avoine
125 ml (½ tasse) de lait ou de boisson de soya nature
80 g (½ tasse) de bleuets

Collation
1 muffin au son et aux raisins secs (p. 90)

MIDI

Croquettes de haricots rouges (p. 148)
servies avec du taboulé (p. 106)

Collation
125 g (½ tasse) de compote de fraises
et de mangues (p. 89)

SOIR

Pilaf d'orge au poulet (p. 150)

Collation
100 g (1 petit pot) de yogourt aux fruits

JOUR 19

MATIN

Gruau revigorant (p. 72)

Collation
1 pomme

MIDI

Pilaf d'orge au poulet (p. 150)

Collation
1 biscuit aux carottes (p. 94)

SOIR

Salade d'avocat et de crevettes (p. 152)

Collation
250 ml (1 tasse) de lait ou de boisson de soya nature

JOUR 20

MATIN

130 g (½ tasse) de yogourt nature
35 g (¼ tasse) de granola choco-coco (p. 76)
65 g (½ tasse) de framboises

Collation
1 muffin au son et aux raisins secs (p. 90)

MIDI

1 bagel au saumon fumé (p. 154)
servi avec des crudités

Collation
Yogourt glacé à l'ananas (p. 82)

SOIR

Fajitas au bifteck grillé (p. 156)
servies avec une salade de légumes (p. 131)

Collation
125 g (½ tasse) de compote
de pommes sans sucre ajouté

JOUR 21

MATIN

1 smoothie à la banane et au beurre d'arachide (p. 70)

Collation
1 pêche
30 g (¼ tasse) de graines de soya

MIDI

1 ou 2 crêpes aux pêches et aux bleuets (p. 78)

Collation
Croustade aux poires (p. 86)

SOIR

1 sandwich fondant aux pommes et au poulet (p. 158)
servi avec une salade de légumes (p. 131)

Collation
1 biscuit aux carottes (p. 94)

250 ml (1 tasse) de lait ou de boisson de soya nature

LES RECETTES
45 IDÉES SANTÉ

Tout au long de ce chapitre, vous trouverez des capsules INFO CHOLESTÉROL qui vous renseigneront sur les avantages de plusieurs aliments pour votre santé ainsi que pour la gestion de votre poids et des symptômes de la ménopause.

PETITS-DÉJEUNERS

COLLATIONS

REPAS PRINCIPAUX ET ACCOMPAGNEMENTS

SMOOTHIE À LA BANANE
et au beurre d'arachide

1 portion • **PRÉPARATION** : 5 minutes

INGRÉDIENTS

- 15 g (1 c. à soupe) de beurre d'arachide crémeux
- 130 g (½ tasse) de yogourt nature
- 1 banane bien mûre
- 5 g (1 c. à soupe) de son d'avoine
- 125 ml (½ tasse) de lait ou de boisson de soya nature
- 5 ml (1 c. à thé) de sirop d'érable ou de miel

PRÉPARATION

Faire fondre le beurre d'arachide dans un plat allant au four à micro-ondes pendant 30 secondes.

Verser tous les ingrédients dans un robot culinaire et bien mélanger.

VARIANTE

Vous pouvez utiliser plusieurs sortes de fruits en remplacement de la banane ou même des jeunes pousses d'épinards pour préparer un smoothie vert.

INFO CHOLESTÉROL

La banane est un fruit riche en fibres solubles et en sucre naturel, parfait pour rassasier les becs sucrés.

Valeur nutritive par portion
Teneur
Calories 376
Lipides 12 g
Sodium 150 mg
Glucides 56 g
fibres 5 g
Protéines 17 g

GRUAU
revigorant

1 portion • **PRÉPARATION** : 5 minutes • **CUISSON** : 2 minutes

INGRÉDIENTS

- 180 ml (¾ tasse) de lait ou de boisson de soya nature
- 45 g (½ tasse) de flocons d'avoine à cuisson rapide
- 5 g (1 c. à thé) de miel
- 65 g (½ tasse) de framboises fraîches
- 10 g (1 c. à soupe) de graines de chia

PRÉPARATION

Dans un bol allant au four à micro-ondes, mélanger le lait et les flocons d'avoine. Cuire pendant 1 minute, remuer, puis cuire de nouveau pendant 30 secondes à 1 minute au besoin.

Ajouter le miel, les framboises et les graines de chia. Bien mélanger.

CONSEIL PRATIQUE

Choisissez des flocons d'avoine à cuisson rapide (5 minutes) en vrac. Les flocons d'avoine à cuisson plus rapide (1 minute) sont moins nutritifs et souvent plus chers.

INFO CHOLESTÉROL

Les flocons d'avoine sont une bonne source d'énergie et de fibres solubles idéales pour aider à gérer l'appétit et le cholestérol sanguin.

Valeur nutritive par portion	
Teneur	
Calories	**240**
Lipides	7 g
Sodium	90 mg
Glucides	35 g
fibres	10 g
Protéines	11 g

PAIN AUX FRUITS
et aux amandes

24 portions • **PRÉPARATION** : 20 minutes • **CUISSON** : 45 minutes

INGRÉDIENTS

- 260 g (2 tasses) de farine tout usage non blanchie
- 50 g (½ tasse) de son d'avoine
- 15 g (1 c. à soupe) de levure chimique
- 5 g (1 c. à thé) de bicarbonate de soude
- 120 g (1 tasse) d'amandes hachées
- 140 g (1 tasse) de graines de citrouille ou de tournesol
- 190 g (1 tasse) de dattes séchées, hachées
- 35 g (¼ tasse) de canneberges séchées
- 40 g (¼ tasse) d'abricots séchés, hachés
- 3 œufs
- 5 ml (1 c. à thé) d'extrait de vanille
- 125 g (½ tasse) de compote de pommes sans sucre
- 45 ml (3 c. à soupe) d'huile de canola

PRÉPARATION

Préchauffer le four à 180 °C (350 °F).

Dans un bol, mélanger tous les ingrédients secs (la farine, le son d'avoine, la levure chimique, le bicarbonate de soude, les amandes, les graines et les fruits séchés).

Dans un autre bol, battre les œufs, l'extrait de vanille, la compote de pommes et l'huile de canola au batteur électrique pendant 1 minute.

Incorporer la préparation liquide aux ingrédients secs et bien mélanger. Verser dans un moule à pain de 23 cm (9 po) graissé. Cuire au centre du four pendant 45 minutes.

Laisser refroidir, couper en 12 tranches, puis couper chacune en deux.

INFO CHOLESTÉROL

La compote de pommes sans sucre est une bonne façon de diminuer le gras et le sucre dans les desserts en apportant une touche nutritive.

Valeur nutritive par portion	
Teneur	
Calories 180	
Lipides 9 g	
Sodium 22 mg	
Glucides 20 g	
fibres 3 g	
Protéines 6 g	

GRANOLA
choco-coco

20 portions • **PRÉPARATION** : 10 minutes • **CUISSON** : 30 minutes

INGRÉDIENTS

- 75 g (1 tasse) de noix de coco filamentée sans sucre
- 30 ml (2 c. à soupe) d'huile de canola
- 125 ml (½ tasse) de sirop d'érable
- 15 ml (1 c. à soupe) d'extrait de vanille
- 360 g (4 tasses) de flocons d'avoine à cuisson longue
- 55 g (½ tasse) de cacao en poudre sans sucre
- 140 g (1 tasse) de canneberges séchées

PRÉPARATION

Préchauffer le four à 180 °C (350 °F).

Dans une poêle, faire griller à sec la noix de coco pendant environ 2 à 3 minutes en remuant régulièrement.

Dans un bol, mélanger l'huile de canola, le sirop d'érable et l'extrait de vanille. Ajouter la noix de coco, les flocons d'avoine et le cacao en poudre.

Sur une plaque de cuisson tapissée de papier parchemin, verser le granola et bien l'étendre. Cuire au centre du four pendant 25 à 30 minutes, en remuant toutes les 5 minutes, jusqu'à ce qu'il soit bien grillé.

Lorsque le granola est prêt, ajouter les canneberges séchées. Laisser reposer avant de consommer.

Valeur nutritive par portion	
Teneur	
Calories	120
Lipides	6 g
Sodium	4 mg
Glucides	20 g
fibres	3 g
Protéines	2 g

CONSEIL PRATIQUE

Le mélange se conserve dans un pot hermétique pendant 2 semaines à température ambiante ou plusieurs semaines au réfrigérateur.

CRÊPES AUX PÊCHES
et aux bleuets

4 portions • **PRÉPARATION** : 15 minutes • **CUISSON** : 40 minutes

INGRÉDIENTS

- 3 pêches, pelées et coupées en morceaux
- 150 g (1 tasse) de bleuets frais ou surgelés
- 10 g (2 c. à soupe) de menthe fraîche hachée
- 30 ml (2 c. à soupe) de sirop d'érable
- 260 g (2 tasses) de farine tout usage non blanchie
- 25 g (¼ tasse) de son d'avoine
- 4 œufs
- 375 ml (1 ½ tasse) de lait ou de boisson de soya nature
- Le zeste de 1 citron
- 5 ml (1 c. à thé) d'extrait de vanille
- 480 g (2 tasses) de fromage cottage 1 % M.G.

PRÉPARATION

Dans une casserole, à feu moyen, cuire les pêches, les bleuets, la menthe et le sirop d'érable pendant environ 15 minutes, jusqu'à l'obtention d'une compote épaisse.

Entre-temps, dans un bol, mélanger la farine, le son d'avoine, les œufs, le lait, le zeste de citron et l'extrait de vanille.

Dans une poêle chaude légèrement huilée, verser 60 g (½ tasse) de pâte à la fois. Cuire pendant 2 à 3 minutes de chaque côté. Répéter l'opération jusqu'à ce qu'il n'y ait plus de pâte (donne environ 8 crêpes minces).

Garnir les crêpes de 60 g (¼ tasse) de fromage cottage et de compote de pêches et de bleuets.

CONSEIL PRATIQUE

Gardez en tout temps des fruits au congélateur pour vous permettre de préparer rapidement des muffins, smoothies, garnitures de yogourt, etc.

Valeur nutritive par portion
Teneur
Calories 550
Lipides 9 g
Sodium 600 mg
Glucides 80 g
fibres 6 g
Protéines 22 g

BARRES DE CÉRÉALES
à l'avoine et aux dattes

16 portions • **PRÉPARATION** : 20 minutes • **CUISSON** : 6 minutes • **RÉFRIGÉRATION** : 1 heure

INGRÉDIENTS

- 560 g (4 tasses) de dattes séchées entières dénoyautées
- 270 g (3 tasses) de flocons d'avoine à cuisson longue
- 30 g (¼ tasse) de cacao en poudre sans sucre
- 120 g (1 tasse) d'amandes effilées

PRÉPARATION

Hacher les dattes et les mettre dans un grand bol allant au four à micro-ondes. Ajouter 250 ml (1 tasse) d'eau et cuire au four à micro-ondes pendant 6 minutes en remuant toutes les minutes ainsi qu'en fin de cuisson.

Défaire les dattes à la fourchette. Ajouter les flocons d'avoine, le cacao en poudre et les amandes effilées.

Placer le mélange dans un plat carré de 23 cm (9 po) tapissé de papier parchemin. Bien presser sur le mélange.

Réfrigérer pendant 1 heure, puis couper en barres et emballer individuellement.

INFO CHOLESTÉROL

Fraîches ou séchées, les dattes constituent une bonne source de fibres. Ce sont des fruits à haute teneur énergétique du fait de leur teneur élevée en glucides. Elles sont également riches en antioxydants.

Valeur nutritive par portion
Teneur
Calories 160
Lipides 6 g
Sodium 1 mg
Glucides 26 g
fibres 4 g
Protéines 4 g

YOGOURT GLACÉ
à l'ananas

4 portions • **PRÉPARATION** : 5 minutes

INGRÉDIENTS

260 g (1 tasse) de yogourt 2 % M.G. (grec ou ordinaire) à la vanille

300 g (1 ½ tasse) de morceaux d'ananas surgelés

60 g (¼ tasse) de miel

PRÉPARATION

Bien mélanger le yogourt, les morceaux d'ananas surgelés et le miel au robot culinaire.

Consommer immédiatement ou conserver au congélateur.

VARIANTE

Vous pouvez remplacer l'ananas par de la mangue ou tout autre fruit surgelé de votre choix pour varier les plaisirs.

CONSEILS PRATIQUES

- Le yogourt grec donne un yogourt glacé beaucoup plus onctueux que le yogourt ordinaire.
- Sortir le yogourt glacé du congélateur 10 à 15 minutes avant de le consommer.

Valeur nutritive par portion
Teneur
Calories 160
Lipides 2 g
Sodium 35 mg
Glucides 37 g
fibres 1 g
Protéines 3 g

POIS CHICHES GRILLÉS
à l'orientale

6 portions • **PRÉPARATION** : 5 minutes • **CUISSON** : 35 minutes

PRÉPARATION

Préchauffer le four à 180 °C (350 °F).

Éponger les pois chiches sur un tissu propre.

Dans un bol, mélanger les pois chiches, l'huile de sésame et les assaisonnements. Placer les pois chiches enrobés d'épices sur une plaque recouverte de papier parchemin. Cuire au centre du four pendant 20 minutes.

Retourner les pois chiches à l'aide d'une spatule et poursuivre la cuisson pendant 15 minutes.

INGRÉDIENTS

- 1 boîte de 540 ml (19 oz) de pois chiches, rincés et égouttés
- 30 ml (2 c. à soupe) d'huile de sésame

ASSAISONNEMENTS

- 15 g (1 c. à soupe) de poudre d'ail
- 0,5 g (¼ c. à thé) de curcuma
- 2 g (¼ c. à thé) de cari
- 2 g (¼ c. à thé) de gingembre moulu
- Sel et poivre

CONSEIL PRATIQUE

Cette recette se conserve quelques jours à température ambiante. C'est idéal pour garnir des salades ou faire une collation rassasiante.

INFO CHOLESTÉROL

Les pois chiches sont une bonne source de protéines végétales en plus de contenir des fibres solubles. Ils permettent un meilleur contrôle du cholestérol sanguin et même du poids.

Valeur nutritive par portion
Teneur
Calories 140
Lipides 6 g
Sodium 4 mg
Glucides 17 g
fibres 3 g
Protéines 6 g

CROUSTADE
aux poires

9 portions • **PRÉPARATION** : 15 minutes • **CUISSON** : 20 minutes

INGRÉDIENTS

- 6 poires Bartlett mûres, coupées en dés
- 50 g (¼ tasse) de cassonade
- 180 g (2 tasses) de flocons d'avoine à cuisson longue
- 90 g (1 tasse) de flocons d'avoine à cuisson rapide
- 60 g (¼ tasse) de margarine non hydrogénée, fondue
- 30 ml (2 c. à soupe) de sirop d'érable

PRÉPARATION

Préchauffer le four à 180 °C (350 °F).

Dans un plat de cuisson carré de 23 cm (9 po), étendre les poires et saupoudrer de cassonade.

Dans un bol, mélanger les flocons d'avoine, la margarine et le sirop d'érable.

Répartir le mélange sur les poires. Cuire au centre du four pendant 20 minutes.

CONSEIL PRATIQUE

Cette recette se congèle très bien.

INFO CHOLESTÉROL

Les huiles de canola ou d'olive sont idéales pour remplacer le beurre dans les recettes, car elles contiennent moins de gras saturés que celui-ci. Pour les recettes de desserts (gâteaux, muffins, etc.), la margarine non hydrogénée peut être utilisée en remplacement du beurre dans les mêmes quantités.

Valeur nutritive par portion
Teneur
Calories 237
Lipides 7 g
Sodium 50 mg
Glucides 40 g
fibres 6 g
Protéines 5 g

COMPOTE DE FRAISES
et de mangues

8 portions • **PRÉPARATION** : 15 minutes • **CUISSON** : 8 minutes

INGRÉDIENTS

600 g (4 tasses) de fraises coupées en morceaux

700 g (4 tasses) de mangue fraîche coupée en morceaux

PRÉPARATION

Dans un grand bol allant au four à micro-ondes, chauffer les fruits pendant 8 minutes par étapes de 2 minutes. Ouvrir le four entre chaque étape pour éviter que le mélange déborde du récipient.

Laisser reposer pendant 5 minutes, puis mettre les fruits en purée à l'aide du robot culinaire. Mélanger jusqu'à ce que la texture devienne lisse. Laisser refroidir avant de servir.

VARIANTE

Vous pouvez préparer des compotes maison avec plusieurs fruits comme les pommes, les poires, les framboises, les pêches, etc.

CONSEILS PRATIQUES

- Les fruits contiennent naturellement assez de sucre et il n'est pas nécessaire d'en ajouter pour préparer une compote.
- Cette compote se conserve au réfrigérateur jusqu'à 7 jours et peut être utilisée pour sucrer les muffins, les desserts et les yogourts.

Valeur nutritive par portion
Teneur
Calories 96
Lipides 0 g
Sodium 3 mg
Glucides 24 g
fibres 4 g
Protéines 1 g

MUFFINS AU SON
et aux raisins secs

12 muffins • **PRÉPARATION** : 15 minutes • **CUISSON** : 25 minutes

INGRÉDIENTS

130 g (1 tasse) de farine de blé entier

90 g (1 tasse) de flocons d'avoine à cuisson rapide

25 g (¼ tasse) de son d'avoine

15 g (1 c. à soupe) de levure chimique

60 ml (¼ tasse) d'huile de canola

85 g (¼ tasse) de mélasse ou de sirop d'érable

2 œufs

180 ml (¾ tasse) de lait

230 g (1 ½ tasse) de raisins secs

PRÉPARATION

Préchauffer le four à 180 °C (350 °F).

Mélanger la farine, les flocons d'avoine, le son d'avoine et la levure chimique.

Dans un autre bol, battre pendant 2 minutes l'huile de canola, la mélasse et les œufs. Ajouter le lait graduellement tout en battant.

Verser les ingrédients humides sur les ingrédients secs. Mélanger au fur et à mesure pour bien amalgamer le tout. Ajouter les raisins secs.

Verser la préparation dans des moules à muffins. Cuire au centre du four pendant 20 à 25 minutes ou jusqu'à ce qu'un cure-dent inséré au centre d'un muffin en ressorte propre.

CONSEIL PRATIQUE

Lorsque vous cuisinez des muffins, préparez-en plus que nécessaire. Vous pourrez en congeler une partie pour avoir des collations nutritives et rassasiantes sous la main en tout temps.

INFO CHOLESTÉROL

Le son d'avoine est intéressant pour ajouter des fibres solubles aux muffins, gâteaux et desserts. Il aide à gérer le cholestérol, la faim et la glycémie. L'avoine est un incontournable; elle s'utilise aussi bien pour les desserts, déjeuners et crêpes que pour les repas principaux.

Valeur nutritive par portion
Teneur
Calories 195
Lipides 6 g
Sodium 50 mg
Glucides 30 g
fibres 3 g
Protéines 4 g

BISCOTTIS santé

12 biscottis • **PRÉPARATION** : 15 minutes • **CUISSON** : 45 minutes • **REPOS** : 20 minutes

PRÉPARATION

Préchauffer le four à 180 °C (350 °F).

Dans un bol, mélanger la farine, les flocons d'avoine et la levure chimique.

Dans un autre bol, battre l'œuf et le sucre pendant 1 minute au batteur électrique. Ajouter le lait, la margarine, l'extrait de vanille et le zeste d'orange. Battre pendant quelques secondes pour bien mélanger.

Incorporer graduellement le mélange sec au mélange précédent en battant à basse vitesse. Ajouter à la cuillère les amandes et les canneberges.

Former un grand rectangle de 20 x 5 cm (8 x 2 po) de longueur et d'environ 2,5 cm (1 po) d'épaisseur. Déposer le rectangle sur une plaque à pâtisserie recouverte de papier parchemin.

Cuire au centre du four pendant 25 minutes.

Retirer du four et laisser refroidir pendant 20 minutes. À l'aide d'un couteau, couper le rouleau en biais en tranches d'environ 1 cm (½ po) d'épaisseur pour former 12 biscottis.

Régler la température du four à 150 °C (300 °F). Déposer les tranches sur la même plaque et remettre au four pendant 15 à 20 minutes. Laisser ensuite refroidir sur une grille.

SUGGESTION

Ces biscottis peuvent être servis en dessert ou en collation pour remplacer les biscuits du commerce souvent riches en sucre et en matières grasses.

INGRÉDIENTS

- 130 g (1 tasse) de farine tout usage non blanchie
- 65 g (¾ tasse) de flocons d'avoine à cuisson rapide
- 5 g (1 c. à thé) de levure chimique
- 1 œuf
- 100 g (½ tasse) de sucre
- 60 ml (¼ tasse) de lait
- 60 g (¼ tasse) de margarine
- 5 ml (1 c. à thé) d'extrait de vanille
- Le zeste de 1 orange
- 60 g (½ tasse) d'amandes effilées
- 70 g (½ tasse) de canneberges séchées

Valeur nutritive par biscotti
Teneur
Calories 150
Lipides 8 g
Sodium 40 mg
Glucides 16 g
fibres 2 g
Protéines 4 g

BISCUITS aux carottes

18 biscuits • **PRÉPARATION** : 15 minutes • **CUISSON** : 15 minutes

INGRÉDIENTS

- 1 boîte de 540 ml (19 oz) de haricots blancs, rincés
- 130 g (1 tasse) de farine tout usage non blanchie
- 45 g (½ tasse) de flocons d'avoine à cuisson longue
- 20 g (¼ tasse) de flocons de noix de coco non sucrés
- 7 g (1 ½ c. à thé) de levure chimique
- 2 œufs
- 45 ml (3 c. à soupe) d'huile de canola
- 100 g (½ tasse) de cassonade
- 180 g (1 ½ tasse) de carottes râpées
- 75 g (½ tasse) de raisins secs
- 2 g (1 c. à thé) de cannelle

PRÉPARATION

Préchauffer le four à 180 °C (350 °F).

Au robot culinaire, mettre les haricots en purée avec 30 ml (2 c. à soupe) d'eau. Ajouter tous les autres ingrédients et mélanger 15 à 30 secondes pour former une pâte.

À l'aide d'une cuillère à crème glacée, déposer la pâte sur une plaque à pâtisserie recouverte de papier parchemin. Former des cercles d'environ 5 cm (2 po) de diamètre. Cuire au centre du four pendant 15 minutes.

INFO CHOLESTÉROL

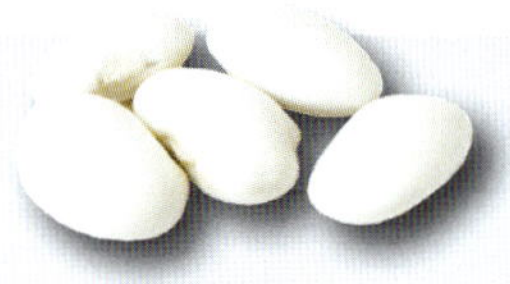

Les haricots blancs s'intègrent bien dans différents desserts. Ils apportent une texture moelleuse en plus d'aider à diminuer le gras dans les recettes. Riches en fibres solubles, ils permettent de mieux contrôler le cholestérol sanguin.

Valeur nutritive par portion	
Teneur	
Calories	**135**
Lipides	4 g
Sodium	15 mg
Glucides	22 g
fibres	2 g
Protéines	4 g

SALADE AU SAUMON
et aux épinards

4 portions • **PRÉPARATION** : 15 minutes • **CUISSON** : 6 minutes

INGRÉDIENTS

- 400 g (14 oz) de saumon cru (1 gros filet), coupé en cubes
- 30 ml (2 c. à soupe) d'huile d'olive
- 190 g (6 tasses) de jeunes pousses d'épinards
- 2 poivrons jaunes, coupés en petits morceaux
- 70 g (½ tasse) de noix de cajou
- 180 g (1 tasse) de raisins frais, coupés en deux
- Le jus de 1 citron

ASSAISONNEMENTS

- 1 g (1 c. à thé) de thym
- 1,5 g (1 c. à thé) de basilic moulu
- Sel et poivre

PRÉPARATION

Dans une poêle chaude, faire revenir les cubes de saumon avec les assaisonnements dans 15 ml (1 c. à soupe) d'huile d'olive. Cuire pendant environ 5 à 6 minutes ou jusqu'à ce que le saumon soit cuit.

Dans un bol, mélanger les épinards, les poivrons, les noix et les raisins. Ajouter le saumon et arroser avec le reste de l'huile d'olive et le jus de citron.

Accompagnement : servir avec des chips de tortillas (voir recette p. 98).

INFO CHOLESTÉROL

Le saumon est une des meilleures sources d'oméga-3. Les acides gras oméga-3 favorisent notamment la gestion du cholestérol sanguin. Également riche en protéines, le saumon est un bon choix à intégrer régulièrement au menu.

Valeur nutritive par portion
Teneur
Calories 360
Lipides 20 g
Sodium 85 mg
Glucides 20 g
fibres 3 g
Protéines 25 g

CHIPS
de tortillas

6 portions • **PRÉPARATION** : 10 minutes • **CUISSON** : 5 minutes

INGRÉDIENTS

3 grandes tortillas de blé entier

15 ml (1 c. à soupe) d'huile d'olive

ASSAISONNEMENTS

7 g (1 c. à soupe) de paprika

5 g (1 c. à soupe) d'origan

Sel et poivre

PRÉPARATION

Préchauffer le four à 180 °C (350 °F).

Mélanger le paprika, l'origan, le sel et le poivre.

Couper les tortillas en pointes. À l'aide d'un pinceau, badigeonner les pointes de chaque côté avec l'huile d'olive. Saupoudrer le dessus d'assaisonnements. Cuire au centre du four sur une plaque à pâtisserie pendant environ 5 minutes.

CONSEILS PRATIQUES

- Les chips de tortillas se conservent à température ambiante jusqu'à 5 jours. Notez qu'elles sont beaucoup moins grasses que les craquelins ou les croustilles du commerce.
- Vous pouvez conserver des pains tortillas au congélateur pour en avoir toujours sous la main.

Valeur nutritive par portion
Teneur
Calories 176
Lipides 6 g
Sodium 230 mg
Glucides 26 g
fibres 2 g
Protéines 4 g

BOULETTES
« légumibœuf »

5 portions • **PRÉPARATION** : 20 minutes • **CUISSON** : 20 minutes

INGRÉDIENTS

190 g (1 tasse) de riz brun à grain long

15 ml (1 c. à soupe) de bouillon de poulet en poudre pauvre en sodium

225 g (8 oz) de bœuf haché maigre

100 g (½ tasse) de haricots noirs en conserve, rincés

55 g (½ tasse) de chapelure

1 oignon, haché

1 gousse d'ail, écrasée

15 ml (1 c. à soupe) d'huile d'olive

2 courgettes, coupées en morceaux

280 ml (10 oz) de tomates en dés en conserve

70 g (½ tasse) d'olives noires, coupées en morceaux

200 g (2 tasses) de chou-fleur coupé en morceaux

2 poivrons rouges, coupés en morceaux

ASSAISONNEMENTS

1 g (1 c. à thé) de thym séché

2 g (1 c. à thé) de paprika

Sel et poivre

PRÉPARATION

Faire cuire le riz selon les indications inscrites sur l'emballage avec le bouillon de poulet.

Au robot culinaire, mélanger le bœuf haché, les haricots noirs, la chapelure et les assaisonnements. Façonner 5 boulettes de la dimension d'un pain à hamburger.

Dans une poêle chaude, faire revenir l'oignon et l'ail dans l'huile d'olive. Ajouter les boulettes et cuire pendant 5 minutes en les retournant une ou deux fois pendant la cuisson.

Ajouter les légumes et cuire pendant 5 à 6 minutes.

Servir les boulettes et les légumes avec le riz.

Valeur nutritive par portion
Teneur
Calories 380
Lipides 10 g
Sodium 540 mg
Glucides 53 g
fibres 6 g
Protéines 18 g

TOFU
aigre-doux

4 portions • **PRÉPARATION** : 15 minutes • **CUISSON** : 20 minutes

INGRÉDIENTS

- 130 g (¾ tasse) de quinoa non cuit
- 45 ml (3 c. à soupe) de vinaigre de riz
- 45 g (3 c. à soupe) de ketchup
- 8 g (1 c. à soupe) de fécule de maïs
- 60 g (¼ tasse) de sucre blanc
- 15 ml (1 c. à soupe) de sauce soya pauvre en sodium
- 454 g (1 lb) de tofu, coupé en cubes et épongé
- 30 ml (2 c. à soupe) d'huile de sésame
- 2 poivrons rouges, coupés en lanières
- 185 g (2 tasses) de brocoli coupés en morceaux

PRÉPARATION

Cuire le quinoa dans 375 ml (1 ½ tasse) d'eau pendant environ 10 minutes jusqu'à ce qu'il n'y ait plus d'eau dans la casserole.

Mélanger le vinaigre de riz, le ketchup, la fécule de maïs, le sucre, la sauce soya et 125 ml (½ tasse) d'eau. Réserver.

Dans une grande poêle, à feu vif, faire revenir le tofu pendant 5 minutes dans l'huile de sésame.

Baisser le feu à moyen-doux. Ajouter les poivrons et le brocoli. Faire revenir pendant 2 minutes. Retirer la poêle du feu et ajouter la sauce. Bien mélanger et servir sur un lit de quinoa.

CONSEIL PRATIQUE

Le tofu doit être cuisiné avec une sauce et des assaisonnements ou bien mariné à l'avance pour lui donner bon goût. Vous pouvez le faire mariner comme du poulet ou du bœuf.

INFO CHOLESTÉROL

Les produits de soya, comme le tofu, sont riches en protéines végétales et en bons gras. Ce sont des alliés santé qui permettent de gérer la faim et le cholestérol sanguin.

Valeur nutritive par portion	
Teneur	
Calories	**380**
Lipides	14 g
Sodium	300 mg
Glucides	50 g
fibres	6 g
Protéines	14 g

POULET
en croûte d'amandes

4 portions • **PRÉPARATION** : 25 minutes • **CUISSON** : 15 minutes

INGRÉDIENTS

400 g (2 tasses) de poulet coupé en lanières

15 g (2 c. à soupe) de farine de blé entier

1 œuf

15 g (1 c. à soupe) de moutarde de Dijon

40 g (1/3 tasse) d'amandes hachées

20 g (3 c. soupe) de chapelure

ASSAISONNEMENTS

2 g (½ c. à thé) de poudre d'ail

1,5 g (1 c. à thé) de basilic

2 g (1 c. à thé) de paprika

Sel et poivre

Valeur nutritive par portion	
Teneur	
Calories 260	
Lipides 11 g	
Sodium 160 mg	
Glucides 9 g	
fibres 2 g	
Protéines 28 g	

PRÉPARATION

Préchauffer le four à 190 °C (375 °F).

Aplatir les lanières de poulet avec un maillet ou une casserole.

Mettre la farine dans un bol.

Dans un autre bol, battre l'œuf avec 30 ml (2 c. à soupe) d'eau et la moutarde de Dijon.

Dans une assiette, mélanger les amandes, la chapelure et les assaisonnements.

Enrober le poulet de farine. Tremper les lanières dans l'œuf battu, puis dans le mélange d'amandes et de chapelure.

Sur une plaque de cuisson recouverte de papier parchemin, cuire le poulet pendant 7 minutes. Retourner les lanières et poursuivre la cuisson pendant 8 minutes.

Accompagnement : servir les lanières de poulet avec du taboulé (voir recette p. 106).

CONSEIL PRATIQUE

Les filets de poulet maison au four sont une bonne façon de préparer un repas plaisir tout en diminuant le gras consommé qu'on trouve par exemple dans les choix du restaurant et les produits surgelés.

TABOULÉ

8 portions • **PRÉPARATION** : 15 minutes • **REPOS** : 2 heures

INGRÉDIENTS

300 g (2 tasses) de boulgour non cuit

45 ml (3 c. à soupe) d'huile d'olive

30 g (½ tasse) de persil frais, haché

4 grosses tomates, coupées en dés

1 poivron vert, coupé en dés

Le jus de 2 citrons

ASSAISONNEMENTS

Sel et poivre

PRÉPARATION

Dans un bol, mélanger tous les ingrédients et laisser reposer pendant 2 heures au réfrigérateur.

Assaisonner au goût.

VARIANTE

Vous pouvez remplacer le boulgour par la même quantité de couscous de blé entier.

CONSEILS PRATIQUES

- Ajoutez de l'huile d'olive ou du jus de citron si la salade semble trop sèche.
- Ce taboulé se conserve jusqu'à 7 jours au réfrigérateur.

INFO CHOLESTÉROL

Le boulgour est une céréale dérivée du blé utilisée au Moyen-Orient pour la préparation du taboulé. Le boulgour entier est à privilégier, car il est plus riche en fibres et plus rassasiant.

Valeur nutritive par portion
Teneur
Calories 230
Lipides 6 g
Sodium 9 mg
Glucides 38 g
fibres 3 g
Protéines 6 g

SALADE de poulet

4 portions • **PRÉPARATION** : 15 minutes • **CUISSON** : 10 minutes

INGRÉDIENTS

- 400 g (14 oz) de poitrine de poulet crue coupée en lanières
- 15 ml (1 c. à soupe) d'huile de canola
- 240 g (4 tasses) de laitue romaine, hachée
- 120 g (1 tasse) d'amandes effilées
- 1 courgette, coupée en cubes
- 315 g (2 tasses) de tomates cerises
- 45 g (1 tasse) de croûtons à l'ail
- 45 ml (3 c. à soupe) d'huile d'olive extra vierge
- 15 ml (1 c. à soupe) de jus de citron

ASSAISONNEMENTS

- 2 g (1 c. à thé) de paprika
- 5 g (1 c. à thé) de poudre d'ail
- 10 g (2 c. à soupe) de menthe fraîche hachée

PRÉPARATION

Dans une poêle chaude, à feu vif, faire revenir les lanières de poulet dans l'huile de canola avec le paprika et la poudre d'ail. Cuire pendant 1 minute de chaque côté puis baisser le feu à moyen. Poursuivre la cuisson pendant environ 6 à 7 minutes, jusqu'à ce que le poulet soit bien cuit.

Dans un grand bol, mélanger la laitue, les amandes, la courgette, les tomates et les croûtons.

Préparer la vinaigrette en mélangeant l'huile d'olive, le jus de citron et la menthe fraîche.

Déposer les lanières de poulet sur la salade, puis ajouter un filet de vinaigrette.

CONSEIL PRATIQUE

Conservez des morceaux de poulet cuits au congélateur pour vous faciliter la tâche lorsque vous êtes pressé.

INFO CHOLESTÉROL

Les amandes effilées sont riches en fibres, en protéines et en bons gras essentiels à la gestion du cholestérol sanguin et de la santé globale.

Valeur nutritive par portion
Teneur
Calories 530
Lipides 35 g
Sodium 205 mg
Glucides 22 g
fibres 4 g
Protéines 33 g

RIZ
au thon

4 portions • **PRÉPARATION** : 10 minutes • **CUISSON** : 20 minutes

PRÉPARATION

Faire cuire le riz selon les indications inscrites sur l'emballage avec le bouillon de poulet.

Dans une grande poêle chaude, faire revenir l'ail dans l'huile d'olive pendant 1 minute.

Ajouter le thon et les légumes. Mélanger et réchauffer pendant 4 à 5 minutes.

Mélanger avec le riz cuit et servir.

INGRÉDIENTS

- 190 g (1 tasse) de riz brun non cuit
- 15 ml (1 c. à soupe) de bouillon de poulet en poudre pauvre en sodium
- 1 gousse d'ail, écrasée
- 5 ml (1 c. à thé) d'huile d'olive
- 2 boîtes de 105 g (3 ½ oz) de thon, égoutté
- 155 g (1 tasse) de petits pois en conserve
- 185 g (2 tasses) de brocoli coupé en morceaux

ASSAISONNEMENTS

- 4 g (1 c. à soupe) de thym séché
- Sel et poivre

CONSEILS PRATIQUES

- Vous pouvez remplacer les petits pois en conserve par des petits pois surgelés.
- Pour gagner du temps dans la préparation des repas, gardez toujours du riz brun cuit congelé en portions. (100 g/½ tasse de riz brun cru donnent environ 400 g/2 tasses de riz cuit.) Cela vous évitera de devoir utiliser des riz « minute » qui ne sont pas nutritifs.

INFO CHOLESTÉROL

Le riz brun est un meilleur choix que le riz blanc, car il est plus riche en fibres solubles essentielles pour mieux gérer le cholestérol sanguin. Elles rassasient et sont excellentes pour la santé intestinale.

Valeur nutritive par portion
Teneur
Calories 285
Lipides 4 g
Sodium 190 mg
Glucides 40 g
fibres 3 g
Protéines 20 g

FETTUCINIS
aux tomates et à l'ail

6 portions • **PRÉPARATION** : 15 minutes • **CUISSON** : 15 minutes

INGRÉDIENTS

370 g (13 oz) de fettucinis de blé entier

45 ml (3 c. à soupe) d'huile d'olive

70 g (½ tasse) de graines de tournesol non salées

3 gousses d'ail, coupées en deux

310 g (2 tasses) de tomates cerises

400 g (2 tasses) de fromage bocconcini coupé en morceaux

25 g (¼ tasse) de parmesan

ASSAISONNEMENTS

5 g (2 c. à soupe) de basilic frais haché

Sel et poivre

PRÉPARATION

Cuire les pâtes selon les indications inscrites sur l'emballage.

Dans une autre casserole, chauffer l'huile d'olive à feu moyen. Ajouter les graines de tournesol, l'ail, du sel et du poivre. Faire revenir pendant 2 minutes. Retirer la casserole du feu et laisser reposer pendant 2 minutes. Ajouter les pâtes et bien mélanger.

Dans un bol de service, mettre les pâtes et garnir avec les tomates, le bocconcini, le parmesan et le basilic.

Accompagnement : servir avec une salade verte ou une salade de légumes (voir recette p. 131).

Valeur nutritive par portion
Teneur
Calories 488
Lipides 23 g
Sodium 211 mg
Glucides 50 g
fibres 7 g
Protéines 20 g

RAGOÛT AUX HARICOTS
et aux saucisses

6 portions • **PRÉPARATION** : 15 minutes • **CUISSON** : 55 minutes

INGRÉDIENTS

- 4 saucisses italiennes douces (environ 200 g/7 oz), coupées en morceaux
- 15 g (2 c. à soupe) de farine tout usage non blanchie
- 1 oignon moyen, haché
- 15 ml (1 c. à soupe) d'huile d'olive
- 1 boîte de 540 ml (19 oz) de tomates en dés sans sodium
- 1 boîte de 540 ml (19 oz) de haricots blancs, rincés
- 1 boîte de 156 ml (5 ½ oz) de pâte de tomates
- 4 petites pommes de terre, pelées et coupées en gros cubes
- 15 ml (1 c. à soupe) de bouillon de bœuf en poudre pauvre en sodium

ASSAISONNEMENTS

- 5 g (1 c. à soupe) de basilic séché
- 4 g (1 c. à soupe) de thym séché
- Sel et poivre

PRÉPARATION

Préchauffer le four à 180 °C (350 °F).

Dans une casserole, faire bouillir les saucisses pendant 10 minutes. Égoutter et laisser refroidir. (Cette étape peut être faite à l'avance.)

Couper les saucisses en quatre ou cinq gros morceaux et les enrober de farine.

Dans une casserole allant au four, à feu vif, faire revenir l'oignon dans l'huile d'olive pendant 2 minutes, puis ajouter les morceaux de saucisse et faire revenir pendant 1 minute.

Ajouter tous les autres ingrédients et 250 ml (1 tasse) d'eau. Porter à ébullition puis mettre au four pendant 40 minutes.

Valeur nutritive par portion
Teneur
Calories 400
Lipides 17 g
Sodium 730 mg
Glucides 47 g
fibres 9 g
Protéines 17 g

INFO CHOLESTÉROL

Les légumineuses sont de bonnes sources de fibres solubles, de protéines et de nutriments. Intégrées en petites quantités dans les plats de viande, elles permettent de diminuer la matière grasse et d'augmenter la valeur nutritive des repas.

CIABATTAS
au poulet

4 portions • **PRÉPARATION** : 10 minutes

INGRÉDIENTS

- Environ 200 g (7 oz) de morceaux de poulet cuit
- 125 g (1 tasse) de céleri, coupé en morceaux
- 30 g (2 c. à soupe) de yogourt grec nature
- 30 g (2 c. à soupe) de moutarde de Dijon
- 4 pains ciabattas de grains entiers, coupés en deux
- 2 tomates, coupées en tranches
- 4 feuilles de laitue

ASSAISONNEMENTS

- 5 g (1 c. à thé) de poudre d'ail
- 1,5 g (1 c. à thé) de basilic séché
- Sel et poivre

PRÉPARATION

Dans un bol, mélanger le poulet, le céleri, le yogourt, la moutarde de Dijon et les assaisonnements.

Garnir les pains ciabattas avec la salade de poulet, les tomates et la laitue.

Accompagnement : servir avec une assiette de crudités au choix (carottes, concombre, radis, chou-fleur, brocoli, etc.).

CONSEIL PRATIQUE

Les carottes, les concombres, les radis, le chou-fleur et le brocoli sont d'excellentes crudités faciles à emporter.

Valeur nutritive par portion
Teneur
Calories 237
Lipides 4 g
Sodium 400 mg
Glucides 30 g
fibres 4 g
Protéines 23 g

CRÊPES ROULÉES aux asperges

4 portions • **PRÉPARATION** : 25 minutes • **CUISSON** : 40 minutes

PRÉPARATION

Préparer la pâte à crêpes en mélangeant la farine, le son, les œufs et le lait. Bien battre la pâte.

Dans une poêle chaude légèrement huilée, verser 60 g (½ tasse) de pâte à la fois pour faire 8 crêpes très minces. Cuire de 2 à 3 minutes de chaque côté.

Entre-temps, cuire les asperges fraîches dans l'eau bouillante pendant environ 8 à 10 minutes. Si elles sont surgelées, les mettre au four à micro-ondes pendant 2 à 3 minutes.

Assemblage : Dans chaque crêpe, déposer 5 asperges et 25 g (¼ tasse) de fromage. Rouler et mettre dans une assiette allant au four à micro-ondes. Réchauffer les crêpes pendant 1 à 2 minutes au four à micro-ondes pour faire fondre le fromage.

Servir 2 crêpes par personne.

INGRÉDIENTS

- 195 g (1 ½ tasse) de farine tout usage non blanchie
- 25 g (¼ tasse) de son d'avoine ou de son de blé
- 3 œufs
- 500 ml (2 tasses) de lait
- 40 asperges fraîches, surgelées ou en conserve
- 200 g (2 tasses) de fromage suisse râpé

CONSEIL PRATIQUE

Les crêpes peuvent être préparées à l'avance pour gagner du temps et elles se congèlent bien.

Valeur nutritive par portion
Teneur
Calories 437
Lipides 10 g
Sodium 250 mg
Glucides 53 g
fibres 5 g
Protéines 35 g

SOLE ÉPICÉE
avec salade tiède aux trois poivrons

4 portions • **PRÉPARATION** : 20 minutes • **CUISSON** : 25 minutes

INGRÉDIENTS

- 190 g (1 tasse) de riz brun non cuit
- 15 ml (1 c. à soupe) de bouillon de poulet en poudre pauvre en sodium
- 400 g (14 oz) de sole (4 filets)
- 15 ml (1 c. à soupe) d'huile de canola
- 15 ml (1 c. à soupe) d'huile d'olive
- 1 gousse d'ail, hachée
- 1 poivron rouge, coupé en lanières
- 1 poivron vert, coupé en lanières
- 1 poivron jaune, coupé en lanières
- 5 ml (1 c. à thé) de vinaigre balsamique

ASSAISONNEMENTS

- 7 g (1 c. à soupe) de paprika
- 2 g (1 c. à thé) d'assaisonnement à la cajun
- 2 g (1 c. à thé) d'assaisonnement au chili
- Sel et poivre

PRÉPARATION

Cuire le riz selon les recommandations inscrites sur l'emballage avec le bouillon de poulet.

Mélanger les assaisonnements. Enrober les filets d'épices, puis les cuire dans une poêle avec l'huile de canola pendant environ 2 minutes de chaque côté pour les petits filets et 3 minutes pour les gros.

Dans une autre poêle, chauffer l'huile d'olive et faire revenir l'ail. Ajouter les poivrons et le vinaigre balsamique. Cuire pendant 5 minutes.

Servir les filets de sole avec le riz brun et les poivrons.

INFO CHOLESTÉROL

Il est recommandé de consommer du poisson au moins deux fois par semaine pour remplacer la viande. Il est scientifiquement reconnu que les protéines de poisson ont un effet bénéfique sur la santé.

Valeur nutritive par portion	
Teneur	
Calories 368	
Lipides 10 g	
Sodium 350 mg	
Glucides 44 g	
fibres 3 g	
Protéines 25 g	

SALADE CROUSTILLANTE
aux nouilles soba

4 portions • **PRÉPARATION** : 20 minutes • **CUISSON** : 30 minutes

INGRÉDIENTS

- 115 g (4 oz) de nouilles soba
- 30 ml (2 c. à soupe) d'huile de sésame
- 15 ml (1 c. à soupe) de vinaigre blanc
- 8 œufs
- 60 ml (¼ tasse) de vinaigre de riz
- 25 g (2 c. à soupe) de sucre blanc
- 2 ou 3 gouttes de tabasco
- 2 poivrons rouges, hachés
- 2 carottes, râpées
- 245 g (1 ½ tasse) d'ananas coupé en morceaux

PRÉPARATION

Dans une casserole remplie d'eau, cuire les nouilles soba pendant 5 minutes. Les égoutter et les éponger avec un papier essuie-tout.

Dans une grande poêle, chauffer l'huile de sésame et y déposer la moitié des nouilles soba. Faire griller les nouilles pendant 7 minutes en remuant régulièrement pour les rendre croustillantes sans les laisser brûler.

Porter à légère ébullition 1,5 l (6 tasses) d'eau avec le vinaigre blanc. Casser les œufs un à un dans l'eau frémissante et ramener le blanc autour de chaque œuf avec une cuillère. Cuire 4 œufs à la fois pendant 7 minutes. Les sortir avec une cuillère trouée et les placer sur un papier essuie-tout.

Dans une tasse à mesurer, mélanger le vinaigre de riz, le sucre et le tabasco.

Dans chaque assiette de service, répartir les nouilles soba et les nouilles croustillantes. Garnir de poivrons, de carottes et d'ananas. Arroser de sauce puis placer 2 œufs sur chaque salade.

INFO CHOLESTÉROL

Les œufs sont très nutritifs et se cuisinent facilement. Par contre, ils contiennent du cholestérol alimentaire. Il est recommandé de ne pas consommer plus de 4 œufs entiers par semaine.

Valeur nutritive par portion
Teneur
Calories 475
Lipides 17 g
Sodium 600 mg
Glucides 65 g
fibres 3 g
Protéines 20 g

SALADE REPAS
express

4 portions • **PRÉPARATION** : 15 minutes

INGRÉDIENTS

- 45 ml (3 c. à soupe) d'huile d'olive
- 15 g (1 c. à soupe) de moutarde de Dijon
- 1 gousse d'ail, écrasée
- 5 g (1 c. à thé) de sucre
- 2 boîtes de 540 ml (19 oz) de légumineuses mélangées, rincées
- 140 g (1 tasse) d'olives vertes
- 140 g (1 tasse) de concombre pelé et coupé en cubes
- 125 g (1 tasse) de carottes pelées et coupées en morceaux
- 195 g (1 tasse) de haricots verts coupés en morceaux

ASSAISONNEMENTS

- 1 g (1 c. à thé) de thym
- 1,5 g (1 c. à thé) d'origan
- Sel et poivre

PRÉPARATION

Mélanger l'huile, la moutarde de Dijon, l'ail, le sucre, les assaisonnements et 30 ml (2 c. à soupe) d'eau. Bien mélanger et réserver.

Mélanger les légumineuses, les olives et les légumes. Ajouter la vinaigrette, mélanger de nouveau et servir.

INFO CHOLESTÉROL

Les légumes sont riches en fibres, ce qui aide à gérer l'appétit, les fringales de sucre et le cholestérol sanguin. Consommez au moins deux légumes différents à chaque repas.

Valeur nutritive par portion	
Teneur	
Calories	**485**
Lipides	14 g
Sodium	635 mg
Glucides	60 g
fibres	11 g
Protéines	18 g

CREVETTES AUX TOMATES
et à la lime

4 portions • **PRÉPARATION** : 15 minutes • **CUISSON** : 15 minutes

INGRÉDIENTS

- 600 g (1 lb 5 oz) de grosses crevettes surgelées
- 130 g (4 ½ oz) de nouilles de riz
- 1 œuf
- 115 g (1 tasse) de chapelure
- 15 ml (1 c. à soupe) d'huile de canola
- 1 boîte de 398 ml (14 oz) de tomates en dés
- 1 poivron vert, coupé en morceaux
- Quelques feuilles de coriandre fraîche
- Le jus de 1 lime

ASSAISONNEMENTS

- 7 g (1 c. à soupe) de paprika
- 2 g (1 c. à thé) d'assaisonnement à la cajun
- 5 g (1 c. à thé) de poudre d'ail
- Sel et poivre
- Quelques gouttes de tabasco

PRÉPARATION

Faire décongeler les crevettes dans l'eau chaude pendant quelques minutes et les décortiquer au besoin. Éponger avec un linge propre.

Faire cuire les nouilles de riz selon les indications inscrites sur l'emballage.

Battre l'œuf à la fourchette dans un bol.

Mélanger la chapelure et les assaisonnements (sauf le tabasco).

Tremper les crevettes dans l'œuf puis les enrober de chapelure.

Dans une poêle chaude, faire revenir les crevettes dans l'huile de canola pendant 30 secondes de chaque côté, puis baisser le feu et cuire pendant 1 minute. Retirer les crevettes de la poêle et réserver.

Mettre les nouilles de riz égouttées dans la poêle, ajouter les tomates, le poivron et le tabasco. Saler et poivrer. Réchauffer pendant environ 5 minutes à feu moyen.

Servir les nouilles aux tomates avec les crevettes. Garnir de coriandre et arroser de jus de lime.

Valeur nutritive par portion
Teneur
Calories 398
Lipides 7 g
Sodium 530 mg
Glucides 55 g
fibres 4 g
Protéines 25 g

SOUS-MARINS
au bœuf

4 portions • **PRÉPARATION** : 10 minutes • **CUISSON** : 6 minutes

INGRÉDIENTS

340 g (12 oz) de bœuf pour fondue

15 ml (1 c. à soupe) d'huile de canola

1 poivron rouge, coupé en lanières

1 poivron jaune, coupé en lanières

4 petits pains à sous-marin de grains entiers

Quelques feuilles de laitue

ASSAISONNEMENTS

2 g (1 c. à thé) de poivre noir moulu

5 g (1 c. à thé) de poudre d'ail

Quelques flocons de piment

Sel

2 g (1 c. à thé) de poudre de moutarde

PRÉPARATION

Dans une poêle, cuire le bœuf dans l'huile de canola avec les lanières de poivron et les assaisonnements pendant environ 5 à 6 minutes.

Garnir chaque petit pain de bœuf, de lanières de poivron et de feuilles de laitue.

Accompagnement : servir les sous-marins avec une salade verte ou une salade de légumes (voir recette p. 131).

Valeur nutritive par portion
Teneur
Calories 270
Lipides 9 g
Sodium 200 mg
Glucides 26 g
fibres 3 g
Protéines 20 g

SALADE
de légumes

4 portions • **PRÉPARATION** : 15 minutes

PRÉPARATION

Dans un bol, mélanger tous les légumes.

Préparer la vinaigrette dans une tasse à mesurer en mélangeant l'huile d'olive, le vinaigre de vin rouge, le miel et les assaisonnements.

Mélanger la salade avec la vinaigrette et servir.

INGRÉDIENTS

- 3 tomates italiennes, coupées en dés
- 1 concombre anglais, coupé en dés
- 1 poivron jaune, coupé en dés
- 210 g (2 tasses) de chou-fleur, coupé en morceaux
- 45 ml (3 c. à soupe) d'huile d'olive
- 15 ml (1 c. à soupe) de vinaigre de vin rouge
- 5 g (1 c. à thé) de miel

ASSAISONNEMENTS

- 0,5 g (1 c. à thé) de persil séché
- 1,5 g (1 c. à thé) de basilic séché
- Sel et poivre

CONSEIL PRATIQUE

Préparez vos crudités en début de semaine pour gagner du temps. Il ne vous restera qu'à les mélanger avec la vinaigrette le moment venu.

INFO CHOLESTÉROL

L'huile d'olive est reconnue pour avoir un pouvoir anti-inflammatoire ainsi qu'un effet favorable sur le cholestérol sanguin.

Valeur nutritive par portion	
Teneur	
Calories	**140**
Lipides	10 g
Sodium	20 mg
Glucides	11 g
fibres	2 g
Protéines	2 g

CASSEROLE DE POULET
et de riz

5 portions • **PRÉPARATION** : 15 minutes • **CUISSON** : 40 minutes

INGRÉDIENTS

- 190 g (1 tasse) de riz brun non cuit
- 200 g (7 oz) de poitrine de poulet, coupée en dés
- 15 ml (1 c. à soupe) d'huile de canola
- 200 ml (½ boîte de 14 oz) de maïs en grains
- 1 boîte de 540 ml (19 oz) de haricots noirs, rincés et égouttés
- 250 g (1 tasse) de yogourt grec nature
- 180 ml (¾ tasse) de salsa
- 120 g (1 tasse) de cheddar râpé pauvre en matière grasse

ASSAISONNEMENTS

- 1,5 g (1 c. à thé) de basilic séché
- 1,5 g (1 c. à soupe) de persil séché
- Sel et poivre

PRÉPARATION

Préchauffer le four à 180 °C (350 °F).

Cuire le riz selon les indications inscrites sur l'emballage.

Dans une poêle chaude, à feu vif, cuire le poulet dans l'huile de canola pendant 6 à 8 minutes en retournant les morceaux de temps à autre.

Dans un grand bol, mélanger le riz cuit, le poulet, le maïs, les haricots, le yogourt, la salsa, la moitié du cheddar et les assaisonnements.

Verser la préparation dans un plat de cuisson carré de 23 cm (9 po). Garnir avec le fromage restant. Cuire au centre du four pendant 15 minutes, puis terminer la cuisson sour le gril pendant quelques minutes pour faire griller le fromage.

CONSEIL PRATIQUE

Vous pouvez préparer rapidement cette recette en utilisant environ 360 g (2 tasses) de riz cuit (des restes ou du riz congelé en portions).

Valeur nutritive par portion
Teneur
Calories 450
Lipides 10 g
Sodium 482 mg
Glucides 60 g
fibres 8 g
Protéines 30 g

SAUMON au citron

4 portions • **PRÉPARATION** : 15 minutes • **CUISSON** : 50 minutes

PRÉPARATION

Préchauffer le four à 180 °C (350 °F).

Rincer les bâtonnets de patates douces et les assécher avec un linge propre.

Dans un bol, enrober les patates douces avec 15 ml (1 c. à soupe) d'huile d'olive et 1 g (1 c. à thé) de thym. Ajouter une pincée de sel et du poivre. Étaler les bâtonnets sur une plaque de cuisson et cuire au four pendant 30 à 35 minutes.

Dans un papier d'aluminium, déposer les filets de saumon. Répartir les tranches de citron, l'oignon, 15 ml (1 c. à soupe) d'huile d'olive et le reste du thym sur le poisson. Saler et poivrer. Refermer le papier d'aluminium et cuire au centre du four pendant 20 minutes.

Dans un bol allant au four à micro-ondes, cuire le brocoli avec un fond d'eau pendant 3 minutes.

Servir le saumon avec les frites de patates douces et le brocoli.

INGRÉDIENTS

- 2 patates douces moyennes, pelées et coupées en bâtonnets
- 30 ml (2 c. soupe) d'huile d'olive
- 400 g (14 oz) de saumon (2 filets)
- 1 citron, coupé en tranches
- 1 petit oignon, haché
- 370 g (4 tasses) de brocoli coupé en morceaux

ASSAISONNEMENTS

- 2 g (2 c. à thé) de thym séché
- Sel et poivre

Valeur nutritive par portion
Teneur
Calories 310
Lipides 14 g
Sodium 112 mg
Glucides 30 g
fibres 6 g
Protéines 24 g

TOFU BROUILLÉ
au brocoli

4 portions • **PRÉPARATION** : 10 minutes • **CUISSON** : 5 minutes

INGRÉDIENTS

455 g (1 lb) de tofu ferme

30 ml (2 c. à soupe) d'huile de canola

1 oignon, haché

270 ml (½ boîte) de tomates en dés, égouttées

185 g (2 tasses) de brocoli coupé en morceaux

60 g (½ tasse) de fromage râpé pauvre en matière grasse

ASSAISONNEMENTS

15 g (1 c. à soupe) de poudre d'ail

6 g (1 c. à thé) de curcuma

5 g (1 c. à soupe) de basilic

7 g (1 c. à soupe) de paprika

Sel et poivre

Valeur nutritive par portion
Teneur
Calories 214
Lipides 18 g
Sodium 241 mg
Glucides 9 g
fibres 2 g
Protéines 22 g

PRÉPARATION

Défaire le tofu en grains à la fourchette ou avec les mains.

Dans une poêle, chauffer l'huile et faire revenir l'oignon pendant 1 minute. Ajouter le tofu et les assaisonnements. Bien mélanger. Ajouter 60 ml (¼ tasse) d'eau et les tomates, puis mélanger. Ajouter le brocoli et cuire pendant 4 minutes. Ajouter le fromage et bien mélanger pour le faire fondre.

Accompagnement : servir avec des chips de tortillas (voir recette p. 98) ou avec 1 ou 2 tranches de pain de grains entiers.

SUGGESTIONS

Le tofu brouillé est une bonne façon nutritive de remplacer les œufs brouillés, que ce soit pour le petit-déjeuner ou le repas du midi ou du soir.

OMELETTE
aux champignons

4 portions • **PRÉPARATION** : 5 minutes • **CUISSON** : 5 minutes

INGRÉDIENTS

- 8 œufs
- 60 ml (¼ tasse) de lait
- 30 g (¼ tasse) de fromage râpé au choix
- 200 g (2 tasses) de champignons de Paris, coupés en tranches épaisses
- 1 poivron rouge, haché finement
- 1 oignon vert, haché

ASSAISONNEMENTS

- Sel et poivre

PRÉPARATION

Dans un bol, battre à la fourchette les œufs et le lait. Ajouter le fromage, les champignons, le poivron, l'oignon, du sel et du poivre.

Verser la préparation dans une poêle chaude antiadhésive ou légèrement huilée. Cuire l'omelette pendant 2 à 3 minutes, puis la plier en deux et poursuivre la cuisson au goût.

Accompagnement : servir chaque portion avec 2 tranches de pain de grains entiers grillées.

INFO CHOLESTÉROL

Bien qu'ils soient nutritifs, rappelons que les œufs contiennent du cholestérol alimentaire. Il est donc recommandé de ne pas consommer plus de 4 œufs entiers par semaine dans le cadre d'un régime pour limiter le cholestérol sanguin.

Valeur nutritive par portion

Teneur	
Calories	**324**
Lipides	12,5 g
Sodium	221 mg
Glucides	7 g
fibres	0 g
Protéines	27 g

BURGERS végétariens

6 portions • **PRÉPARATION** : 20 minutes • **CUISSON** : 10 minutes

INGRÉDIENTS

- 1 boîte de 540 ml (19 oz) de haricots noirs, rincés
- 15 ml (1 c. à soupe) d'huile d'olive
- 130 g (1 tasse) de quinoa cuit
- 20 g (¼ tasse) de flocons d'avoine à cuisson longue
- 1 oignon, haché
- 2 gousses d'ail, écrasées
- 1 œuf
- 115 g (1 tasse) de chapelure
- 6 pains à hamburgers de grains entiers
- Condiments au choix (moutarde, ketchup, chutney, etc.)

ASSAISONNEMENTS

- 2 g (1 c. à thé) de cumin
- 5 ml (1 c. à thé) de sauce chipotle
- 1,5 g (1 c. à thé) de basilic séché
- Sel et poivre

Valeur nutritive par portion
Teneur
Calories 385
Lipides 9 g
Sodium 416 mg
Glucides 60 g
fibres 8 g
Protéines 16 g

PRÉPARATION

Au robot culinaire, mettre en purée les haricots noirs avec l'huile d'olive.

Ajouter le quinoa, les flocons d'avoine, l'oignon, l'ail, l'œuf et les assaisonnements. Mélanger au robot jusqu'à l'obtention d'un mélange homogène, mais pas d'une purée.

Transvider la préparation dans un bol et ajouter la chapelure. Bien mélanger à la cuillère. Avec les mains, former 6 boulettes de la grosseur d'un pain à hamburger d'environ 2,5 cm (1 po) d'épaisseur.

Cuire les boulettes à feu moyen dans une poêle légèrement huilée pendant 4 à 5 minutes de chaque côté.

Garnir les hamburgers avec les boulettes et les condiments choisis.

Accompagnement : servir avec une salade verte.

CONSEILS PRATIQUES

- Faites cuire plusieurs boulettes et conservez-les au congélateur pour préparer rapidement un bon repas quand le temps vous est compté.
- Conservez du quinoa cuit au congélateur pour préparer des repas nutritifs et savoureux en un clin d'œil. Sachez que 180 g (1 tasse) de quinoa cru donnent 530 g (4 tasses) de quinoa cuit.

SOUPE AU BŒUF
et aux nouilles

6 portions • **PRÉPARATION** : 20 minutes • **CUISSON** : 35 minutes

INGRÉDIENTS

- 255 g (9 oz) de bœuf pour ragoût, coupé en petits cubes
- 15 g (2 c. à soupe) de farine tout usage non blanchie
- 30 ml (2 c. à soupe) d'huile de canola
- 1 oignon, haché
- 2 gousses d'ail, hachées
- 4 branches de céleri, hachées
- 3 carottes, coupées en tranches
- 30 ml (2 c. à soupe) de bouillon de bœuf en poudre pauvre en sodium
- 110 g (1 tasse) de nouilles courtes pour soupes

ASSAISONNEMENTS

- 5 g (1 c. à soupe) d'origan
- 4 g (1 c. à soupe) de thym séché
- 2 g (1 c. à soupe) d'estragon
- 1 g (1 c. à thé) de romarin séché
- Sel et poivre

PRÉPARATION

Dans un bol, enrober les cubes de bœuf de farine.

Dans une grande casserole, chauffer l'huile de canola et ajouter l'oignon et l'ail. Faire revenir pendant 1 minute. Ajouter le céleri et les carottes, puis faire revenir pendant 1 minute. Ajouter les cubes de bœuf et faire revenir pendant 1 à 2 minutes en remuant constamment.

Ajouter 2 l (8 tasses) d'eau, diluer le bouillon de bœuf et ajouter les assaisonnements. Porter à ébullition, baisser le feu à moyen-doux et laisser mijoter pendant 15 minutes.

Ajouter les nouilles et laisser mijoter pendant 15 minutes.

CONSEIL PRATIQUE

Cette soupe se conserve bien au congélateur et peut être mise au four à micro-ondes pour servir un repas de dernière minute.

Valeur nutritive par portion
Teneur
Calories 290
Lipides 12 g
Sodium 428 mg
Glucides 27 g
fibres 3 g
Protéines 17 g

QUICHE méditerranéenne

6 portions • **PRÉPARATION** : 20 minutes • **CUISSON** : 1 heure

INGRÉDIENTS

- 15 ml (1 c. à soupe) d'huile de canola
- 2 petits oignons, hachés
- 8 œufs, battus
- 250 ml (1 tasse) de lait
- 95 g (¾ tasse) de farine tout usage non blanchie
- 5 g (1 c. à thé) de levure chimique
- 80 g (½ tasse) de fromage féta, coupé en cubes
- 60 g (2 tasses) de jeunes pousses d'épinards, hachés grossièrement
- 1 grosse ou 2 petites tomates, coupées en tranches
- Quelques feuilles de basilic hachées

PRÉPARATION

Préchauffer le four à 180 °C (350 °F).

Dans une poêle, chauffer l'huile de canola et faire revenir les oignons pendant 1 minute. Baisser le feu et cuire pendant 6 minutes.

Entre-temps, mélanger les œufs avec le lait, la farine et la levure chimique. Ajouter le féta et les épinards, puis les oignons lorsqu'ils sont prêts. Bien mélanger.

Verser la préparation dans un moule à tarte profond et garnir le dessus avec les tranches de tomates.

Cuire au centre du four pendant environ 1 heure ou jusqu'à ce que le milieu soit bien pris. Garnir de feuilles de basilic avant de servir.

Accompagnement : servir avec une salade verte ou une salade de légumes (voir recette p. 131).

Valeur nutritive par portion
Teneur
Calories 195
Lipides 15 g
Sodium 316 mg
Glucides 20 g
fibres 2 g
Protéines 4 g

CROQUES
au thon

4 portions • **PRÉPARATION** : 10 minutcs • **CUISSON** : 5 minutes

PRÉPARATION

Préchauffer le four à 180 °C (350 °F).

Placer 2 tranches de fromage sur un côté des pains à hamburgers. Placer tous les pains (garnis de fromage et nature) sur une plaque et faire griller pendant 5 minutes.

Dans un bol, mélanger le thon, le yogourt, la moutarde de Dijon et les assaisonnements.

Répartir la préparation au thon sur chaque tranche de pain recouverte de fromage et garnir d'une feuille de laitue. Couvrir avec les pains nature pour faire des sandwiches.

Accompagnement : servir chaque croque avec 75 à 150 g (½ à 1 tasse) de crudités au goût (carottes, concombre, céleri, chou-fleur, brocoli, etc.).

INGRÉDIENTS

- 4 pains à hamburgers de grains entiers, ouverts
- 55 g (2 oz) de fromage cheddar (8 petites tranches minces)
- 2 boîtes de 105 g (3 ½ oz) de thon, égoutté
- 30 g (2 c. à soupe) de yogourt grec nature
- 15 g (1 c. à soupe) de moutarde de Dijon
- 4 feuilles de laitue

ASSAISONNEMENTS

- 5 g (1 c. à thé) de poudre d'ail
- 2 g (1 c. à thé) de paprika
- Sel et poivre

INFO CHOLESTÉROL

Le thon est un poisson riche en oméga-3, des acides gras particulièrement intéressants pour mieux contrôler le cholestérol sanguin.

Valeur nutritive par portion
Teneur
Calories 340
Lipides 11 g
Sodium 470 mg
Glucides 30 g
fibres 3 g
Protéines 30 g

CROQUETTES de haricots rouges

4 portions • **PRÉPARATION** : 20 minutes • **CUISSON** : 10 minutes

INGRÉDIENTS

- 1 boîte de 540 ml (19 oz) de haricots rouges, bien rincés
- 115 g (1 tasse) de chapelure
- 2 œufs
- 90 g (3 tasses) de jeunes pousses d'épinards, hachées grossièrement
- 15 g (1 c. à soupe) de moutarde de Dijon
- 10 champignons de Paris, hachés finement
- 15 ml (1 c. à soupe) d'huile de canola

ASSAISONNEMENTS

- 15 g (1 c. à soupe) de poudre d'ail
- 2 g (½ c. à soupe) d'origan
- Sel et poivre

PRÉPARATION

Au robot culinaire, mélanger les haricots rouges pour en faire une purée. Ajouter la chapelure, les œufs, les épinards, la moutarde de Dijon, les champignons et les assaisonnements. Bien mélanger pendant quelques secondes jusqu'à l'obtention d'un mélange homogène.

Façonner à la main 8 grosses croquettes. Dans une poêle, à feu moyen, cuire les croquettes dans l'huile de canola pendant 5 minutes de chaque côté.

Accompagnement : servir avec un taboulé (voir recette p. 106) ou une salade de légumes (voir recette p. 131).

SUGGESTIONS

Ces croquettes pourraient être nappées de sauce tomate maison ou servies dans un pain à hamburger garni de condiments au choix.

Valeur nutritive par portion
Teneur
Calories 330
Lipides 8 g
Sodium 320 mg
Glucides 46 g
fibres 12 g
Protéines 19 g

PILAF D'ORGE
au poulet

4 portions • **PRÉPARATION** : 20 minutes • **CUISSON** : 40 minutes

INGRÉDIENTS

- 1 oignon, haché finement
- 30 ml (2 c. à soupe) d'huile d'olive
- 190 g (1 tasse) d'orge mondé
- 15 ml (1 c. à soupe) de bouillon de poulet en poudre pauvre en sodium
- 1 gousse d'ail, écrasée
- 15 ml (1 c. à soupe) d'huile de canola
- 400 g (14 oz) de poulet, coupé en lanières (2 grosses poitrines)
- Le zeste de 1 citron
- 2 poivrons rouges, coupés en morceaux
- 4 branches de céleri, coupées en morceaux
- 10 champignons blancs, coupés en morceaux

ASSAISONNEMENTS

- 2 g (2 c. à thé) de thym séché
- 5 g (1 c. à soupe) d'origan
- Sel et poivre

PRÉPARATION

Dans une casserole, faire revenir l'oignon dans l'huile d'olive pendant 2 minutes. Ajouter 500 ml (2 tasses) d'eau, l'orge, le bouillon de poulet, l'ail et 1 g (1 c. à thé) de thym. Porter à ébullition, réduire le feu au minimum et laisser mijoter pendant environ 30 minutes ou jusqu'à ce qu'il n'y ait plus de bouillon.

Entre-temps, dans une poêle, chauffer l'huile de canola et saisir les lanières de poulet 1 minute de chaque côté. Baisser le feu, ajouter le zeste de citron, le reste du thym, l'origan, du sel et du poivre. Ajouter les légumes et cuire à feu moyen-doux pendant environ 6 minutes ou jusqu'à ce que le poulet soit cuit.

INFO CHOLESTÉROL

L'orge remplace les pâtes dans différents mets et soupes et s'ajoute également dans les desserts pour augmenter l'apport en fibres solubles des recettes et aider ainsi à mieux gérer le cholestérol.

Valeur nutritive par portion
Teneur
Calories 434
Lipides 13 g
Sodium 250 mg
Glucides 46 g
fibres 11 g
Protéines 32 g

SALADE D'AVOCAT
et de crevettes

4 portions • **PRÉPARATION** : 10 minutes

INGRÉDIENTS

2 avocats mûrs encore fermes, coupés en cubes

285 g (10 oz) de petites crevettes cuites

60 g (2 tasses) de jeunes pousses d'épinards

160 g (1 tasse) de raisins rouges, coupés en deux

1 poivron rouge, coupé en dés

15 ml (1 c. à soupe) d'huile d'olive

Le jus de 1 citron

ASSAISONNEMENTS

2 g (2 c. à soupe) de coriandre fraîche, hachée

Sel et poivre

PRÉPARATION

Mélanger tous les ingrédients et servir.

SUGGESTION

Vous pouvez servir cette salade avec des chips de tortillas (voir recette p. 98).

INFO CHOLESTÉROL

L'avocat est souvent peu populaire, car il est riche en gras. Contrairement aux idées reçues, c'est une excellente source de bons gras, de fibres solubles et de phytostérols qui aident à gérer le cholestérol sanguin.

Valeur nutritive par portion	
Teneur	
Calories	**250**
Lipides	15 g
Sodium	545 mg
Glucides	16 g
fibres	6 g
Protéines	16 g

BAGELS
au saumon fumé

2 portions • **PRÉPARATION** : 10 minutes

INGRÉDIENTS

30 g (2 c. à soupe) de fromage à la crème léger

2 bagels de grains entiers, coupés en deux

140 g (5 oz) de tranches de saumon fumé

1 petit oignon rouge, coupé en lanières (facultatif)

ASSAISONNEMENTS

3 g (1 c. à soupe) d'aneth séché

Poivre

PRÉPARATION

Mélanger le fromage à la crème avec les assaisonnements.

Étaler le fromage à la crème sur les bagels et garnir de tranches de saumon fumé. Ajouter quelques tranches d'oignon si désiré.

Accompagnement : servir avec 75 à 150 g (½ à 1 tasse) de crudités au goût ou une salade de légumes (voir recette p. 131).

INFO CHOLESTÉROL

Le saumon fumé peut être consommé dans le cadre d'un régime « anti-cholestérol ». Fumés ou non, les poissons gras, comme le saumon, sont moins riches en matière grasse que les viandes les plus maigres.

Valeur nutritive par portion	
Teneur	
Calories	**300**
Lipides	6 g
Sodium	800 mg
Glucides	39 g
fibres	3 g
Protéines	22 g

FAJITAS
au bifteck grillé

4 portions • **PRÉPARATION** : 20 minutes • **CUISSON** : 10 minutes

INGRÉDIENTS

1 petit oignon, coupé en lanières

15 ml (1 c. à soupe) d'huile de canola

310 g (11 oz) de bifteck mince, coupé en lanières

5 g (1 c. à thé) de sauce chipotle ou de sauce chili

1 poivron rouge, coupé en lanières

1 poivron orange, coupé en lanières

4 grands pains tortillas de grains entiers

120 g (1 tasse) de cheddar râpé pauvre en matière grasse

125 g (½ tasse) de salsa

60 g (1 tasse) de laitue romaine, hachée

ASSAISONNEMENTS

2 g (1 c. à thé) de graines de coriandre moulues

2 g (1 c. à thé) de poivre noir moulu

Sel

PRÉPARATION

Dans une poêle, faire revenir l'oignon dans l'huile pendant 1 minute. Ajouter la viande, les assaisonnements et la sauce chipotle. Saisir les lanières pendant 1 minute de chaque côté.

Baisser le feu et ajouter les poivrons. Cuire pendant 5 minutes en remuant régulièrement.

Garnir les pains tortillas avec le bœuf, les poivrons, le fromage, la salsa et la laitue.

Accompagnement : servir les fajitas avec une salade de légumes (voir recette p. 131) ou une salade verte si désiré.

VARIANTE

Vous pouvez remplacer le bifteck par des lanières de poulet.

Valeur nutritive par portion
Teneur
Calories 430
Lipides 19 g
Sodium 650 mg
Glucides 35 g
fibres 3 g
Protéines 30 g

SANDWICHES FONDANTS
aux pommes et au poulet

4 portions • **PRÉPARATION** : 10 minutes • **CUISSON** : 15 minutes

INGRÉDIENTS

- 15 ml (1 c. à soupe) d'huile d'olive
- 285 g (10 oz) de poulet (2 petites poitrines), coupé en lanières de 5 cm (2 po) de largeur et 2,5 cm (1 po) d'épaisseur
- 120 g (1 tasse) de fromage cheddar, coupé en tranches
- 8 tranches de pain de grains entiers
- 1 pomme verte, coupée en tranches minces

ASSAISONNEMENTS

- 5 g (1 c. à thé) de poudre d'ail
- 1 g (1 c. à thé) de thym
- Sel et poivre

PRÉPARATION

Dans une poêle, faire chauffer l'huile et saisir les lanières de poulet pendant 1 minute de chaque côté. Baisser le feu à moyen-doux, ajouter les assaisonnements et cuire en remuant de temps à autre, pendant environ 7 à 8 minutes, jusqu'à ce que le poulet soit cuit.

Répartir le poulet et le fromage sur 4 tranches de pain. Ajouter quelques tranches de pomme et refermer les sandwiches.

Mettre les sandwiches dans la poêle et faire griller pendant 1 à 2 minutes de chaque côté jusqu'à ce que le fromage soit fondu.

Accompagnement : servir avec une salade de légumes (voir recette p. 131).

Valeur nutritive par portion	
Teneur	
Calories 424	
Lipides	15 g
Sodium	440 mg
Glucides	33 g
fibres	6 g
Protéines	37 g

À PROPOS de l'auteure

Diplômée en biochimie et en nutrition de l'Université Laval, Alexandra Leduc est avant tout une nutritionniste passionnée par les saveurs et soucieuse de la santé de la population. En 2010, elle fonde l'entreprise Makéa (www.makea.ca), qui lui permet d'offrir une gamme de services pour aider la population à manger sainement. La clinique de nutrition Makéa reçoit en consultation différents types de clientèles qui, grâce à des services personnalisés, réussissent à atteindre leurs objectifs de santé.

Alexandra transmet également sa passion pour la santé en donnant des conférences, en participant à des chroniques radio et en collaborant à plusieurs revues, journaux et médias Web. Vous pouvez également consulter ses chroniques et suivre ses conseils sur son site Internet (www.alexandraleduc.com).

Elle aime tout particulièrement développer des recettes santé savoureuses. Elle est l'auteure de plusieurs livres de cuisine : *Cuisine 5 ingrédients*, sorti en 2012, est un ouvrage parfait pour ceux qui désirent cuisiner sainement, mais rapidement, sans compromettre le goût. *Cuisine Camping*, paru en 2013, s'adresse aux adeptes du plein air qui veulent cuisiner à l'extérieur tout en variant leur alimentation.

En 2011, elle a été nommée « Jeune personnalité d'affaires 2011 – Catégorie services professionnels » lors du concours JPA de la Jeune chambre de commerce de Québec. En mai 2013, elle a également reçu le prix Jeune femme de mérite 2013 lors du concours et gala Femmes de mérite de la YWCA Québec.

www.alexandraleduc.com
www.makea.ca

REMERCIEMENTS

Tout d'abord, un immense merci à ma famille et à mon conjoint, Jean-Philippe Sirois, sans qui je ne ferais sûrement pas ce que j'accomplis aujourd'hui. Votre soutien et vos encouragements inconditionnels font toute la différence. Merci à ma mère, Christiane, qui teste et participe à l'élaboration de mes recettes avec plaisir. Ton aide est toujours très précieuse.

Un merci tout particulier au Groupe Modus, à Marc Alain, à Isabelle Jodoin, à Nolwenn Gouezel et à toute l'équipe pour votre confiance et les beaux projets auxquels vous me permettez de participer. Merci de me faire vivre une si belle expérience et pour votre travail qui aidera sans aucun doute la population à manger plus sainement.

Je ne peux passer sous silence le travail d'André Noël, photographe, qui sait toujours nous mettre l'eau à la bouche avec ses magnifiques photographies.

RESSOURCES
pour les personnes souffrant d'hypercholestérolémie

CANADA

Fondation des maladies du cœur et de l'AVC du Québec
www.fmcoeur.qc.ca

Becel
www.becel.ca/fr

Acti-menu – Volet cholestérol
www.actimenu.ca

Société canadienne de cardiologie
www.ccs.ca

National Cholesterol Education program (site en anglais)
www.nhlbi.nih.gov/about/ncep

ÉTATS-UNIS

Association américaine des maladies du cœur (site en anglais)
www.heart.org

FRANCE

Manger Bouger : programme national nutrition santé
www.mangerbouger.fr/pour-qui-242/50-ans-et-plus/bien-manger-41

Fédération française de cardiologie
www.fedecardio.org/rester-en-bonne-sante/le-cholesterol

E-cardiologie
www.e-cardiologie.com/facteurs/fr-dyslipidemies.shtml

Alliance du cœur
www.alliancecoeur.fr/wa_files/Vivre_20avec_20du_20cholesterol.pdf

BELGIQUE

Association belge de l'hypercholestérolémie familiale
www.belchol.be

Prévention santé
www.preventionsante.be/lettres-dinformation/le-bon-et-le-mauvais-cholesterol

SUISSE

Fondation suisse de cardiologie
www.swissheart.ch

Carrefour prévention
www.prevention.ch/cholesterol.htm

INDEX
des recettes

PETITS-DÉJEUNERS

COLLATIONS

REPAS PRINCIPAUX ET ACCOMPAGNEMENTS

TABLEAU des équivalences

* 1 c. à thé au Québec équivaut à 1 c. à café en France

QUÉBEC	FRANCE
Arachides	Cacahuètes
Beurre d'arachide	Beurre de cacahuète
Bleuets	Myrtilles
Boisson dc soja	Jus de soja
Canneberges	*Cranberries* ou airelles
Cheddar	Emmental ou gruyère
Citrouille	Potiron
Crème sure	Crème aigre (crème fraîche avec un filet de vinaigre)
Croustade	*Crumble*
Croustilles	*Chips*
Farine de blé entier	Farine type 110
Farine non blanchie	Farine type 65
Fécule de maïs	Maïzena
Fromage à la crème	Kiri, St Morêt
Granola	Muesli
Gruau	Porridge
Huile de canola	Huile de colza
Lait 1 % M.G.	Lait écrémé
Lait 2 % M.G.	Lait demi-écrémé
Lime	Citron vert
Pacanes	Noix de pécan
Papier parchemin	Papier sulfurisé
Poitrine de poulet	Blanc de volaille
Popsicle	Sucette glacée
Poudre levante (communément appelée « poudre à pâte »)	Levure chimique
Shortening	Graisse végétale
Sous-marin	Sandwiche long
Tasse à mesurer	Verre gradué
Yogourt	Yaourt